RUDELHALTUNG

Vom Leben mit mehreren Hunden

Ein praktischer Ratgeber

Inge Röger-Lakenbrink

KYNOS VERLAG

© 2004 KYNOS VERLAG
Dr. Dieter Fleig GmbH
Am Remelsbach 30
D-54570 Mürlenbach/Eifel
Telefon: 06594/653
Telefax: 06594/452

Internet: http://www.kynos-verlag.de

Gesamtherstellung: Druckerei Anders GmbH, 54595 Niederprüm
Satz und Gestaltung: Marion Luxen

ISBN 3-933228-86-7

Bildnachweis:

Titelfoto und Fotos auf den Umschlagseiten:
Inge Röger–Lakenbrink
Foto auf der Seite 43: Vreni Cantieni
Seite 89: Monika Wieland
Seite 115: Liselotte Hofer
Seite 138: Beate Klein
Alle anderen Fotos: Inge Röger-Lakenbrink

INHALTSVERZEICHNIS

VORWORT

Die Rudelhaltung von mehreren Hunden verschiedener Rassen und unterschiedlichen Alters erfreut sich unter Hundebesitzern steigender Beliebtheit.

Im Gegensatz zu den klassischen Einsatzbereichen der Schlittenhunderassen, der Hütehunde und der Jagdmeuten steht für den einzelnen Privathundehalter meistens kein leistungsorientierter Arbeitseinsatz im Vordergrund, sondern hauptsächlich die reine Freude am intensiven Zusammenleben mit mehreren Hunden. Oftmals verbunden mit der Absicht, dem eigenen Einzelhund die Gemeinschaft mit einem oder mehreren Artgenossen zu ermöglichen.

Trotz der neuen rechtlichen Bestimmungen und der Auswirkungen der Gefahrenhundeverordnung in Deutschland, die vor allem zu einer allgemeinen Verunsicherung der Bevölkerung geführt haben, entscheiden sich mehr und mehr Hundehalter für die Anschaffung eines Zweit- oder Dritthundes.

Wer ohne Probleme einen einzelnen Hund erzogen hat, der kommt leicht in Versuchung, es dann auch mit einem zweiten zu probieren – und traut sich vielleicht auch die Aufnahme weiterer Rudelmitglieder zu.

Grundsätzlich ist diese Absicht zu begrüßen, denn ein Mensch alleine kann einem Hund niemals das erforderliche Maß an Lebensqualität bieten, wie dies ein artgleicher Sozialpartner leisten würde – wer aber ein »Traumpaar« um sich herum haben will, der sollte sich gut vorbereiten.

Jeder, der bisher mit seinem kleinen Rudel von zwei Hunden zufrieden und glücklich lebte, sollte bei der Entscheidung für einen Dritthund ebenfalls einige Faktoren beachten, damit aus dem Glück zu dritt kein Chaos zu viert wird.

Auch diejenigen Hundebesitzer, die vielleicht schon erfolgreich einen dritten Hund eingegliedert haben, müssen umso sensibler vorgehen, wenn sie ihr Rudel um einen weiteren Hund vergrößern wollen.

Um als menschliche Bezugsperson und Rudelführer eine möglichst friedliche Koexistenz aller Rudelmitglieder gewährleisten zu können, bedarf es eines vielseitigen Erfahrungshintergrundes im Umgang mit Hunden sowie Grundwissens in der Verhaltenskunde, der Ethologie.

Oftmals wird die Auswahl des Zeitpunktes der Zusammenführung, des Alters, der Rasse und des Geschlechtes dem puren Zufall oder der Bauchentscheidung überlassen – ohne die Möglichkeit wahrzunehmen, sich im Vorfeld über die Auswirkungen der jeweiligen Kombinationen zu informieren und sich ein paar grundlegende Gedanken über die eventuellen Folgen zu machen.

Dieses Buch soll dem Hundehalter die Möglichkeit bieten, sich vor der Anschaffung eines Zweit- oder Dritthundes und so fort ausreichend mit der Thematik auseinandersetzen zu können und diese weitreichende Entscheidung nicht dem Zufall überlassen zu müssen.

Dem Rudelhalter soll Hilfestellung in Umgangs- und Erziehungsfragen sowie im Verhaltenstraining der Hunde untereinander und gegenüber ihrer Umwelt gegeben werden.

Auch möchte ich Anregungen vermitteln, wie Hundebesitzer ihre Meute abwechslungsreich und bewegungsintensiv beschäftigen können – sportlich veranlagt sollte man allemal sein! Auch auf die notwendigen physischen (und auch psychischen) Voraussetzungen eines guten Rudelchefs wird eingegangen.

Es soll aufgezeigt und begründet werden, worauf bei den jeweiligen Gruppengrößen zu achten ist und wie die Hunde optimal zusammengebracht werden. Das Wohlergehen aller Beteiligten steht dabei im Vordergrund, damit die Bedürfnisse von Mensch und Hund gleichermaßen befriedigt werden können.

Ich wünsche jedem Hundefreund, dass er in der Lage sein wird, seine Zeit mit mehr als nur einem Hund verbringen zu können. Eine artgerechte Rudelhaltung kann das Leben aller Betroffenen ungemein bereichern.

Inge Röger-Lakenbrink

WAS IST EIN RUDEL?

Ein Gruppe von Hunden ist als »Rudel« zu bezeichnen, wenn sich deren Zusammenleben als dauerhafte Gemeinschaft mit arttypischen sozialen Strukturen darstellt.

Wie differenziert sich eine solche Hundegruppe untereinander verständigt und mit welchen Strategien ein Zusammentreffen unter den Artgenossen geregelt wird, kann mit geschultem Blick und etwas Beobachtungsgabe jederzeit verfolgt werden – diese Verhaltensmechanismen haben domestizierte Hunden in Tausenden von Jahren nicht abgelegt. Sie sind eher sogar differenzierter geworden.

Die Hunde sind, wie ihre Vorfahren – die Wölfe – ebenfalls Rudeltiere. Sie leben in einer Rangordnung nach klaren Regeln und mit verlässlichen Sozialstrukturen, die den Gruppenzusammenhalt fördern. Das Gemeinschaftsgefühl und die Kooperation untereinander sind lebensnotwendig, sie sichern das Überleben. Ohne soziale Struktur wären die Rudelmitglieder ständig mit Rangordnungskämpfen und Streitereien beschäftigt – auf diese geordnete Weise lebt es sich leichter miteinander.

Im frei lebenden Wolfsrudel übernimmt der Leitwolf oder die Leitwölfin situationsbedingt die Führungsposition, vor allem, wenn es um Gefahrenvermeidung, Sicherung der Nahrungsressourcen und die Arterhaltung geht. Ihnen folgen die restlichen – meist jüngeren – Rudelmitglieder, deren Rangpositionen sich oftmals verschieben. Aber die Position des anerkannten Alpha-Tieres wird in überlebenswichtigen Situationen niemals angezweifelt.

Die langjährigen Beobachtungen von Ethologen unter frei lebenden Wolfsrudeln haben gezeigt, dass die hierarchischen Regeln und die Rudelstruktur dort längst nicht

so streng sind, wie dies unter Wolfsgruppen in künstlichen Gehegen der Fall ist – eine wesentliche Erkenntnis, die für die Haltung eines Hunderudels in der Familie von nicht unerheblicher Bedeutung ist.

Eine weitere Gruppierung, die im Rudel lebt, sind die streunenden und wilden Hunde in den Slums oder ärmlichen Regionen dieser Welt – wer sie beispielsweise beim Jagen und Fressen beobachten kann, erhält einen guten Eindruck von der Aufgabenverteilung unter den betroffenen Hunden. Ihr Verhalten wird anscheinend fortlaufend wolfsähnlicher, weil ein Überleben ohne die Vorzüge einer bisherigen Domestikation ermöglicht wird. Es wäre sicherlich ethologisch interessant, solche Hundepopulationen über einen längeren Zeitraum zu begleiten, um weitere Erkenntnisse vom Rudelverhalten unter Hunden zu erhalten.

Das Leben im Rudel ist für Hunde jeden Alters eine arttypische Verhaltensweise – diese Feststellung gilt als unumstritten.

Eine klare Beziehungsstruktur hat eine ordnende Funktion und ist geradezu Lebensgrundlage für einen im Wesen gesunden Hund. Der Mensch sollte ihm daher durch die Festigung seiner eigenen Leitposition eine konstante Sicherheit im Sozialverbund vermitteln. Ohne die Vorgabe von konsequenten Regeln erfüllt ein Hundehalter seine Aufgabe als Leittier nie – er verweigert damit seinen Hunden im Rudel eine notwendige soziale Orientierung. Dies ist aber nicht zu verwechseln mit einem menschlichen Führungsverhalten, das aus purer Dominanz besteht.

Eine starre »Hackordnung« untereinander ist nach den neuesten Erkenntnissen der Wolfsforschung überflüssig geworden.

Dennoch erwarten (!) die Hunde von ihrem Menschen sozusagen eine unmissverständliche Rangzuweisung in unterschiedlichen Lebenslagen – sonst führen sie diese eigenständig herbei!

Als Rudeltiere brauchen Hunde eine klare Struktur zu ihrer Orientierung. Das »Leittier« zeichnet sich durch souveräne Führungsqualitäten aus, nicht durch Unterdrückung und Gewaltherrschaft.

Anmerkungen zum Begriffsgebrauch

Jede Hundegruppe, deren Individuen eine sozialverträgliche Entwicklung seit ihrer Geburt im Rudel erfahren haben, wird bei jeder Gelegenheit versuchen, spielerisch eine Rangordnung herzustellen – und sei dies auch nur für eine kurze Zeit.

In den unterschiedlichsten Lebensphasen und Lebenssituationen bewegt sich ein Hund in gewissen Gruppenmechanismen und in einer sozialen Rangordnung.

- Die erste Zeit seines Lebens verbringt jeder Hund im ***Welpenrudel***. Die Neugeborenen nehmen untereinander vermehrt und kontinuierlich Kontakt auf.

Beim Kampf um die Nahrung an der ergiebigste Zitze erfolgen die ersten Rangeleien untereinander. Die Kontaktsuche zu den Artgenossen intensiviert sich und erste Spielereien miteinander leiten die Phase der Umwelterkundung ein – immer unter leitender Kontrolle der Mutterhündin.

- Nach dieser Periode folgt die Lebensphase im aktiven ***Geschwisterrudel***. Die Gruppenaktivitäten nehmen zu und die Reaktionen werden heftiger. Durch die spielerische Kontaktaufnahme untereinander lernen die Welpen hundetypische Umgangsformen unter ihresgleichen kennen und respektieren. Das Spiel mit den Artgenossen ist auch für den Junghund ein wesentliches Element seiner sozialen Entwicklung, die Verhaltensorientierung an den Interaktionen der mütterlichen Leithündin wirkt prägend.
- Als Welpe oder Junghund erfolgt die Integration in das neue ***Familienrudel:*** Entweder als junger Zweithund zu einem älteren Hund oder als neues Mitglied in ein schon bestehendes Rudel.

  Die prägenden Phasen im Welpen- und Geschwisterrudel sind ausschlaggebend dafür, wie sich der Neuling im Rudel nun integrieren kann.

  Neue Beziehungsmuster entstehen und die Erfahrungen in dieser Zeit stellen die Weichen seines zukünftigen Hundelebens.

Auch wenn ein Junghund nicht in ein schon existierendes Familienrudel aufgenommen, sondern als Einzelhund gehalten wird, so bewegt er sich als Individuum trotzdem zeitweise in einem rudelähnlichen sozialen Gefüge, welches aber die Qualitäten eines häuslichen Rudels nicht ersetzen kann.

Von einem solchen »Zeit-Rudel« kann dann im weitesten Sinne gesprochen werden, wenn dieselben Hunde oft und über einen längeren Zeitpunkt miteinander kommunizieren können. Die folgende Gruppierungen kann man als solche bezeichnen:

- Das ***Kameraden-Rudel*** entsteht bei regelmäßigen Spaziergängen in vertrauter Region und im täglichen Kontakt mit den gleichen Hunden von anderen Besitzern.
- Wenn Hundebesitzer selbst nicht genügend Zeit haben, dann bedienen sie sich täglich eines Hunde-Hütedienstes – es formiert sich das regelmäßige ***Service-Rudel***.
- Können oder wollen Hundehalter ihr Tier nicht mit in den Urlaub nehmen, dann bringen sie den Vierbeiner wochenlang in eine Hundepension – ein konstantes ***Ferien-Rudel*** entsteht.
- Das ***Erlebnis-Rudel*** wird von einem Koordinator organisiert, der vielseitige gemeinschaftliche Unternehmungen für Mensch und Hund anbietet, beispielsweise Wochen-Wanderungen oder Gruppenseminare.

In all den aufgezählten Gruppierungen finden spielerische Rangordnungskämpfe statt – über das Spiel wird sozialer Rang regelrecht getestet. Unter verantwortungsvoller Führung können sich fremde, wesensgesunde Hunde schon nach kurzer Zeit als eine gewisse Einheit empfinden, die ihnen eine lockere Sozialstruktur als Verhaltensorientierung bietet.

Um auch Hunden in öffentlichen Tierheimen und privaten Tierschutzzentren die Chance zu geben, möglichst täglichen Kontakt zu ihresgleichen haben zu können, gehen immer mehr verantwortliche Träger dazu über, eine Gruppenhaltung einzuführen. Zwar kann man dadurch die Haltungsbedingungen der meisten Insassen um Einiges verbessern, aber von einer »Rudelhaltung« im eigentlichen Sinne kann in diesem Zusammenhang nicht gesprochen werden. Und zwar aus mehreren Gründen:

Zum Einen ist der Aufenthalt im Tierheim ein begrenzter Zeitabschnitt – dadurch ergibt sich eine ständige Fluktuation unter den Gruppenmitgliedern. Dies ist für den Aufbau einer Rangstruktur nicht förderlich – im Gegenteil. Zum Anderen werden die Hunde nur zeitweise zusammengebracht, aber für die Fress- und Schlafenszeiten wieder getrennt. Aus Platz- und Personalgründen ist es oft der Fall, dass mehrere Gruppen tagsüber den selben Auslauf nutzen müssen, sodass oft nur stundenweise ein Zusammentreffen ermöglicht werden kann. Darüber hinaus sind längst nicht alle aufgenommenen Hunde gut sozialisiert – eine ständige Aufsicht mit viel Hundeverstand ist erforderlich, um ein unerwünschtes Verhalten und Streitigkeiten im Ansatz zu erkennen und kompetent zu maßregeln.

Eine funktionierende Gruppenhaltung in Tierheimen ist zwar ausgesprochen begrüßenswert, und für den neuen Besitzer ist es sicherlich ein positiver Aspekt, wenn er weiß, dass sein neuer Begleiter im Umgang mit seinesgleichen erfahren ist – aber diese Form der Unterbringung entspricht nur in wenigen Fällen annähernd einer »Rudelhaltung«.

Die geschilderten Formationen von Hundegruppen sind überwiegend durch die ***Freizeitgestaltung*** geprägt – eine Rudelhaltung kann aber auch eine notwendige ***Arbeitsvoraussetzung*** sein, die den angestrebten Arbeitserfolg durch den gezielten Einsatz der Rudelmitglieder überhaupt erst möglich macht. Die Teamarbeit der Hütehunde beispielsweise, oder der gemeinsame Einsatz der Schlittenhunde setzt sozialisierte Hunde, die eine Rudelstruktur kennen, und sich an ihrem menschlichen Leittier orientieren können, voraus.

Kapitel I
AM ANFANG WAR DAS RUDEL

Das Wolfsrudel und seine heutige Bedeutung

Der Wolf – kaum ein anderes Tier flößt uns Menschen so viel Respekt ein wie der Urahn unserer Hunde. Ein heulendes Wolfsrudel im Vollmond lässt jedem Tierfreund einen Schauer über den Rücken gleiten – archaische Gefühle werden wach.

Die Bedeutung des Wolfes hat in den letzten Jahren erfreulicherweise wieder zugenommen. Zahlreiche Forschungsmaßnahmen und Ansiedelungsversuche - auch in Europa - haben Erkenntnisse über seine Verhaltensweisen und Lebensbedürfnisse gebracht. Sowohl in freier Wildbahn als auch in Gehegen sind Wölfe jahrelang in ihrem Rudel beobachtet worden. Die Verhaltensforschung der Wildbiologen und Kynologen haben weltweit differenzierte Aufschlüsse darüber gebracht, in welchen Sozialstrukturen Wölfe leben und wie sie ihr Überleben sichern.

Regelmäßig werden neue Erkenntnisse der Wolfsforscher publiziert und die Informationen einer interessierten Öffentlichkeit zugänglich gemacht. Sie dienen vor allem den Versuchen, Wölfe möglichst artgerecht und zukunftsorientiert wieder in ihren ursprünglichen Lebensräumen anzusiedeln - nicht immer zur Freude der heimischen Bevölkerung. Um Konflikte möglichst schon im Vorfeld zu vermeiden, werden unterschiedliche Maßnahmen ergriffen, allen betroffenen Lebewesen in einer solchen Region eine abgesicherte, organisatorische Basis zu geben. Dies geschieht in Form von finanzieller oder materieller Unterstützung oder auch durch den Einsatz von Herdenschutzhunden, beispielsweise zum Schutz der Schafherden vor jagenden Wölfen.

Alaskan Malamute - nur noch äußerlich dem Wolf sehr ähnlich

Während ein Teil der Forscher sich ausschließlich damit beschäftigt, wie sich Wölfe im Gehege oder der Wildnis organisieren, widmen sich andere Experten der Frage: Was bedeuten diese modernen Erkenntnisse der Wolfsforschung für die Lebensbedürfnisse und Haltungsformen der heutigen Familienbegleithunde?

Eine wesentliche Feststellung haben amerikanische und deutsche Kynologen durch ihre wissenschaftlichen Feldtests getroffen: Das Rudelverhalten in einem Wolfsgehege ist ein anderes als das Verhalten eines Wolfsrudels in freier Natur!

Einige wesentliche Details unterscheiden diese beiden Gruppen in ihren Verhaltensinteraktionen:

- Die Rangordnung in einem Gehege-Rudel ist weitaus straffer geregelt, als dies in einem frei lebenden Wolfsrudel - welches meistens aus vier bis sieben Individuen besteht - der Fall ist.
- Die Rangposition des »Alphawolfes« im Gehege ist in allen Lebenslagen deutlicher zu erkennen als die dominante Position eines Leitwolfes oder einer Leitwölfin im offenen Gelände.
- In einem Gehege-Rudel wird zwar auch gelegentlich die Position gewechselt, während aber unter den wild aufgewachsenen Wolfs-Individuen die Stellung in der Gruppe häufig variiert – sogar ein jüngeres Rudelmitglied kann motivationsbedingt die Leitfunktion zeitweise übernehmen.
- Ein frei lebendes Rudel ermöglicht es häufiger und leichter, dass rudelfremde Wölfe in eine existierende Gruppe aufgenommen werden, unabhängig von deren Altersstufe.
- In freier Wildbahn besteht ein Wolfsrudel aus etwa drei Generationen, und zwar in einer Art Familienverband lebend: Elterntiere, Jungtiere und Welpen. Die Altersstruktur ist demnach stark gestaffelt. Während in den Gehegen häufig ältere bzw. etwa gleichaltrige Individuen in rund fünf Generationen zusammenleben, welche meistens bis zum Lebensende nicht mehr getrennt werden, sofern sie sich vertragen.
- Das Rudelmitglied eines freien Wolfsrudels kann jederzeit sein Rudel verlassen – aus Altersgründen, im Krankheitsfalle oder zur Neugründung einer anderen wölfisch-sozialen Gemeinschaft. In der Gehegehaltung ist dies logischerweise nicht möglich. Daher sind die Wolfsforscher in ihrer Beobachtungsgabe und schnellem Handeln gefordert, wenn es in einem solchen Rudel anfängt zu kriseln und Rangordnungskämpfe lebensbedrohlich ausufern.

Die umfangreichen Feldforschungen haben demzufolge ergeben, dass Wolfsrudel in freier Wildbahn in einer weitaus lockeren Sozialstruktur leben, als dies bisher durch die Untersuchungsergebnisse bei Gehege-Wölfen zu vermuten war. Die individuellen Rollen einzelner Wölfe im freien Rudel werden geprägt von der Altersstruktur, der Geschlechterverteilung, dem Ernährungszustand und vor allem den einzelnen sozialen Beziehungen der Gruppenmitglieder untereinander. Hinzu kommen die speziellen Lebensräume der Wolfsfamilien, deren Verhalten und Überleben nicht zuletzt von landschaftstypischen und ökologischen Vorgaben abhängig ist.

Diese Erkenntnisse lassen die Schlussfolgerung zu, dass die bisher klassische Annahme, eine starre Ordnung sei die prinzipielle Voraussetzung für ein funktionierendes Rudelleben, zu revidieren ist. Insbesondere gilt dies für Gegebenheiten, welche unabhängig von einer notwendigen Gehegehaltung ein aufgelockertes Umgehen miteinander und untereinander ermöglichen.

Die aktuellen Beobachtungen mehrerer internationaler Feldforscher kommen übereinstimmend zu der Aussage, dass in einem freien Wolfsrudel nur derjenige eine hohe Rangposition einnehmen darf, der diese nicht zum Selbstzweck missbraucht, sondern seine dominierenden Aktivitäten in eine überlegte Gesamtstrategie einbindet. Nur diejenige Wölfe, welche in einem sozialen Miteinander zusammen existieren können und dabei vor allem ihre soziale Kompetenz als Leittier in der Ressourcen-Sicherung beweisen, werden langfristig als unangefochtener »Alpha« anerkannt.

Der Abschied von der bisherigen Vorstellung, ein menschliches Leittier müsse in einem Familienrudel ***permanent*** auf seiner hohen Position bestehen, um die ranghöchste Stellung durch ewiges Dominanz-Gehabe verteidigen zu müssen, scheint daher dringend notwendig!

Für jeden Rudelhalter ist ein grundlegendes Wissen über die Erkenntnisse des Wolfsverhaltens nützlich – der frei lebende Wolf ist und bleibt der nächste Verwandte des Hundes.

Verfolgt man die Ergebnisse der Wolfsforschung und verbindet sie mit den Erkenntnissen der aktuellen kynologischen Forschung, so tritt die Bedeutung der Rudelhaltung für unsere Hunde in ein immer stärkeres Licht der Aufmerksamkeit.

Die weltweit größte Arbeitsgruppe zur Erforschung des Verhaltens von Hunden arbeitet momentan unter Leitung des Biologen Vilmos Csáyi an der Universität Budapest. Er trifft als Zusammenfassung der bisherigen wissenschaftlichen Studien eine klare, zentrale Aussage:

»Das gesamte Intelligenz-Potenzial der Hunde kann sich nur in ihrer sozialen Gruppe optimal entfalten« – ein Satz, den man sich als Hundefreund immer vor Augen halten sollte.

Vom Rudel zur Einzelhaltung - die Domestikation des Hundes und seine Zuchtentwicklung zu unterschiedlichen Verwendungszwecken.

Vor etwa 15 000 Jahren zähmten Menschen in Ostasien erstmals Wölfe. Nach Erbgut-Untersuchungen, die schwedische Forscher vorgenommen haben, stammt die Population aller Hunde von mindestens fünf Wölfinnen ab, wobei drei dieser Linien den Ursprung von 95 Prozent aller Hunde bilden.

Vermutlich entwickelten sich die ersten Hunde aus wölfischen Wildtieren, die eine Nähe zum Menschen als ihren Vorteil erkennen konnten. Und im Gegenzug entdeckte der Mensch die Nützlichkeit eines zahmer werdenden Wolfes für seine Zwecke. Während beide Spezies zunächst vor allem wegen der Nahrungsvorteile zueinander fanden, entstand mit der Zeit darüber hinaus eine Annäherung in der Entwicklung gemeinsamer Überlebensstrategien – insbesondere der gemeinschaftlichen Jagd bzw. der Beuteteilung.

Es liegt die Vermutung nahe, und neueste wissenschaftliche Untersuchungen in Amerika bestätigen dies, dass die Entwicklung vom Wolf zum Hund ein Prozess der Adaption war, der letztendlich zu einer Selbstdomestikation führte.

Ab diesem Zeitpunkt entwickelten sich die weiterhin wild lebenden Wölfe und die

zahmer werdenden (Wolfs-) Hunde in zwei völlig unterschiedliche Richtungen.

In der Folgezeit erkannten die Menschen die vielseitige Nutzbarkeit einer intensiver werdenden Beziehung zum Hund. Einerseits als Wächter und Beschützer ihrer selbst, aber auch der Viehherden – andererseits als erfolgreicher Gefährte bei der Jagd. Auch in kriegerischen Auseinandersetzungen leistete ein Kampfhund gute Dienste, und selbst bei der Kindererziehung und -betreuung spielte er eine verlässliche Rolle.

Aber all seine Dienste für den Menschen erfüllte er über Jahrtausende selten nur als Einzelhund – seine Haltung und sein Einsatz erfolgte meistens im Rudel. Es wurde im Rudel gewacht, gehütet, gejagt und gearbeitet. Die Entwicklung zur Einzelhundhaltung verlief parallel zur Spezialisierung der Hunde in ihrem jeweiligen Verwendungszweck.

Mit der Entstehung einer wohlhabenden Gesellschaftsschicht um die Mitte des 19. Jahrhunderts, wurden neben den spezieller werdenden Zuchtrichtungen der Hunde die ersten so genannten »Schoßhunde« gezielt vermehrt – der Name spricht für sich. Der einzelne Hund etablierte sich fortan auch als reines Statussymbol.

Je vielfältiger sich die Bedingungen menschlichen Lebens entwickelten, desto vielseitiger wurde der Hund in das arbeitsreiche Zusammenleben integriert. Die Vermehrung des einzelnen Hundetyps wurde stetig differenzierter vorgenommen, gezielte Arbeitseinsätze waren die Grundlage für den Anfang der Rassezucht.

Während ein lauffreudiger Dalmatiner für die Begleitung der Kutschengespanne und deren Zugpferde gezüchtet wurde, ein Labrador Retriever für die Wasserjagd, ein Irish Setter als Vorstehhund, ein Hovawart als Wächter, ein Berner Sennenhund als Hofhund und Lastenzieher, ein Schäferhund als Hütehund oder ein Alaskan Malamute als Schlittenhund, konzentrierte sich die Auswahlentscheidung des Menschen hinsichtlich der Verwendung für eine bestimmte Rasse auch gleichzeitig auf die

Notwendigkeit, einen einzelnen oder mehrere Hunde zu halten. Als Wächter mag ein einzelner Hovawart ausreichen, als alleiniger Schlittenhund vor einem Lastenschlitten wäre ein Alaskan Malamute schlichtweg überfordert gewesen.

Im Zuge des wirtschaftlichen Aufschwungs in der westlichen Welt nach dem Zweiten Weltkrieg und der zunehmenden Industrialisierung waren viele der speziell gezüchteten Rassen plötzlich nicht mehr gefragt. Dies trifft besonders auf die Hirten- und Hütehunde, die Wach- und Jagdhunde zu. Wer kennt heute noch einen Strobel oder einen Schafpudel?

Die Zeiten, in denen Hunde hauptsächlich im weitesten Sinne als Arbeitstiere gehalten wurden, waren vorbei – der moderne Stadtmensch erkannte die Vorzüge eines Zusammenlebens mit einem Familienhund.

In letzter Zeit ist nun eine neue Tendenz zu beobachten, die eine weitere Form des Umgangs mit dem Hund in unserer heutigen Gesellschaft aufzeigt – die Haltung mehrerer Hunde gleichzeitig, die Rudelhaltung.

Von einem Hund zu mehreren Hunden – der Trend vom einzelnen Familienhund zur Rudelhaltung

Wenn man unterwegs einer Gruppe von Hunden begegnete, traf man bis vor kurzem meist auch gleichzeitig auf mehrere Personen, die als Hundebesitzer ihren kontaktfreudigen Einzeltieren ein tägliches Spiel mit Artgenossen gönnen wollten. In letzter Zeit aber ist eine Entwicklung zu bemerken, die vermehrt Hundehalter in der Öffentlichkeit auffallen lässt, die mit mehr als zwei oder drei Hunden auf den Wegen im Wald, auf der Wiese oder im Park gemeinsam laufen und spielen. Der Trend zur

Rudelhaltung im eigenen Haus und in der Familie ist nicht mehr zu übersehen.

Auch in den Städten, den dicht besiedelten und verkehrsreichen Siedlungsräumen, kann man verstärkt beobachten, dass Menschen mehr als einen Hund an der Leine haben – und zwar keine kleinwüchsigen Geschöpfe, sondern eher mittelgroße, möglichst ausgefallene Exemplare.

Meistens handelt es sich um eine bunte Mischung von Hündinnen und Rüden, kastriert oder auch nicht. Unterschiedliche Altersstufen oder gleichaltrige Geschwisterpaare – kleine und große Hunde – Mischlinge und Rassetypen, gut erzogen, oder auch nicht.

Die häufigst anzutreffende Kombination sind sicherlich nach wie vor zwei Hunde, aber eine eindeutige Neigung zum Dritt- oder Vierthund ist einfach auffällig – die Zahl nach oben ist total offen. Es gibt durchaus Hundehalter, die mit fünfzehn eigenen Hunden – geordnet – durch die Gegend laufen...! Und zwar gerne.

Sucht man mit diesen Menschen das Gespräch, so stellt sich schnell heraus, dass die meisten Rudelhalter sich zwar bewusst für einen oder weitere Hunde entschieden haben, aber ihre Entscheidung, welcher Hund nun die bisherige Gruppe vergrößert, unterlag häufig einer reinen Bauchentscheidung oder einer zwingenden Alltagssituation. Oftmals wurde ein weiterer Hund aufgenommen, weil ein anderer älter wurde – oder aber das Leben des bisher einzigen Hundes durch einen Artgenossen interessanter werden sollte. Auch Mitleid mit einem bestimmten Hundeschicksal ist oft ausschlaggebend, einen dritten Hund zu integrieren. Ein Notfall im Bekanntenkreis oder eine traurige Begegnung im Tierheim kann den Bestand plötzlich vergrößern. Ein ungewollter Deckakt oder nicht vermittelte Welpen verbleiben dann zusätzlich in der Gruppe – und schon ist ein stattliches Rudel entstanden, das rund um die Uhr menschliche Zuwendung braucht.

Klar, dass in solchen Fällen nicht nur genügend Zeit vorhanden sein muss, sich den Tieren artgerecht widmen zu können – auch das räumliche Platzangebot sollte stimmen. Und man staunt, dass in den meisten Fällen nicht nur für die Hunde gesorgt ist – es leben in diesen Haushalten neben Partner/in und Kind(ern) ebenfalls Katzen, Vögel und Fische – häufig auch noch Pferde, Ziegen oder Schafe! Manchmal trifft man auf eine regelrechte »Arche Noah«.

Die Haltung mehrerer Hunde zieht sich durch alle gesellschaftlichen Schichten und betrifft auch jede Altersgruppe – vom jungen Punker bis zum alten Penner, vom WG-Haushalt über die Zweierbeziehung bis hin zur Großfamilie, ob als Single oder mit dem Lebensabschnittsgefährten. Ein Hunderudel bildet sich in der heutigen Zeit oft schneller, als man denkt. Es brauchen lediglich zwei Menschen zueinander finden, die schon jeweils einen Hund – oder gar mehrere haben – und schon lebt es sich mehrpfotig.

Zugegeben – nicht immer ohne Probleme und es braucht kompetenten Hundeverstand aller Beteiligten, um jedem Tier gerecht werden zu können. Aber alle diejenigen Rudelhalter, die aus unterschiedlichen Gründen nicht gerade die schlimmsten Erfahrungen machen mussten, würden niemals mehr nur noch mit einem Einzelhund zusammen leben wollen. Die einhellige Meinung der Betroffenen läuft in eine Richtung, die das gemeinschaftliche, soziale Leben mit mehreren Hunden einem einsamen Dasein mit porentief sauberem Fußboden vorzieht. Die Freude und der Spaß am Zusammenleben mit »des Menschen bestem Freund« und seinen Kumpanen genießen diese Hundehalter durchweg – und leben ihr Rudeldasein auch sehr bewusst und mit allen Konsequenzen.

Aber nicht nur zur persönlichen Freizeitgestaltung oder zum reinen Vergnügen werden Hunde heute im Rudel als ständige Begleiter gehalten, sondern auch in unterschiedlichen Einsatzvarianten ihrer ursprünglichen Verwendung als Arbeitstiere.

Kapitel II
RUDELHALTUNG ALS NOTWENDIGE ARBEITSBASIS

Hunde in der Herde – die Herdengebrauchshunde

Als gefährdete Nutztierrassen gelten sie – die Gebrauchshunde der Hirten und Hüter von Viehherden. Vom Aussterben bedroht sind vor allem die deutschen Hüte-, Treib- und Hirtenhunde, weil ihnen schlichtweg ihre Arbeitsgrundlage entzogen wurde. Dabei handelt es sich um hoch spezialisierte Rassenvertreter, ohne deren Intelligenz und Leistungswilligkeit zum Teil auch heute noch die Arbeit mit großen Herden im Gelände unmöglich wäre.

Wer kennt noch einen Altdeutschen Hütehund? Wer weiß wie ein Harzer Fuchs, ein Strobel, ein Schafpudel oder ein Stumper aussieht? Wer kann eine Deutsche Gelbbacke von einem italienischen Bergamasker unterscheiden? Wem ist bekannt, dass es neben dem allseits beliebten »Schäfer«-hund auch einen »Kuh«-hund gab?

Spezielle Hunderassen wurden für den Einsatz mit bestimmtem Vieh gezüchtet und in ihrer jeweiligen Funktion schon früh geprägt – auch was die Zusammenarbeit mehrerer Hunde mit unterschiedlichen Aufgaben in einer Viehherde betraf.

Daher entstand eine differenzierte Bezeichnung der einzelnen Herdenhunde.

Als Oberbegriff gilt »Herden-, Herdengebrauchs- oder auch Arbeitshund«. Die vielseitigen Einsatzvarianten werden wie folgt unterschieden:

- Die zum Schutze gegen Beutegreifer und Diebe nutzbaren Hunde werden als ***Hirten- bzw. Herdenschutzhunde*** bezeichnet. Ihr Arbeitsplatz ist auf der Weide, oftmals ohne Aufsicht, besonders nachts. Sie bewegen sich im Herdenzug innerhalb und an allen Seiten der Herde. Es sind eigenständig arbeitende Hunde mit ausgeprägtem selbstständigem Wesen. Sie leisten ihren Arbeitseinsatz zuverlässig, ohne dass ihnen ein Hirte ständig Kommandos geben muss.
  Je nach Größe der zu bewachenden Herde werden mehrere Exemplare dieser Rassen gemeinsam eingesetzt. Insbesondere zum Schutz vor jagenden Wölfen – auch den wieder angesiedelten – werden diese Hunde sehr erfolgreich heute in Schafherden gehalten. Alleine durch ihr imposantes Erscheinungsbild und ihre deutliche Körpersprache, verbunden mit bellfreudiger Wachsamkeit, halten sie die hungrigen Wölfe von der Herde ab.
  Als typische Rassevertreter können für diesen Arbeitsbereich beispielsweise der Kuvasz aus Ungarn, der Maremmano aus Italien, der Pyrenäenberghund oder der große Schweizer Sennenhund genannt werden.
- Während eines Weideauf- und -abtriebes von Großtieren werden so genannte ***Treib- oder Kuhhunde*** eingesetzt, die hauptsächlich hinter und an den Seiten der Herde arbeiten. Besonders lauffreudige und ausdauernde Hunderassen sind für diesen Einsatz notwendig, wie zum Beispiel ein Bouvier, ein Welsh-Corgie, ein Schweizer Appenzeller Sennenhund oder ein Australischer Cattle Dog – ursprünglich war auch ein Rottweiler ein gefragter Treibhund. Der typische Westerwälder Kuhhund als deutscher Vertreter der Treibhunderassen gilt leider als nahezu ausgestorben.
- Für die speziellen Verhältnisse auf den Hut-, Feld- und Wegeweiden, sowie zur Saaten- und Wiesenpflege wurden ***Hüte- bzw. Schäferhunde*** gezüchtet.
  Ihr Arbeitsplatz ist die Straßenmitte, dicht neben der Herdenseite. Sie wehren dort und aus der »Furche« beim Markieren der Hutfläche, befinden sich aber nicht in der Herde selbst. Es handelt sich dabei immer um schnelle, wen-

dige und arbeitsfreudige Hundetypen, wie unter anderem ein Belgischer Schäferhund (z.B. Malinois), ein Berger de Picardie aus Frankreich, ein Collie aus England oder ein Islandhund. Die Altdeutschen Hütehunde wurden ein gangs schon erwähnt, aber besonders zu unterstreichen ist in diesem Zusammenhang die ursprüngliche Einsatzweise des klassischen Deutschen Schäferhundes.

- Um einen erfolgreichen Arbeitseinsatz an Kleingruppen oder Einzeltieren im weitläufigen Gelände leisten zu können, entstanden der britische ***Schaf- oder Koppelgebrauchshund***, der auf Distanz mit dem Auge agiert, auch mitten in der Herde (»eye-dog«). Hierbei handelt es sich um meist kleinere Exemplare, wie beispielsweise der Englische Sheepdog, dessen typischer Vertreter vor allem der Border Collie ist. Wendigkeit und Schnelligkeit zeichnen diese Hunde aus.

Alle Herdengebrauchshunde agieren einerseits einzeln, andererseits aber – je nach Herde und deren Terrain – werden differenzierte Anforderungen gestellt, die nur in einer Gruppe von bis zu fünf Tieren zu lösen sind. Ein Gelände in der norddeutschen Tiefebene oder in den Schweizer Alpen stellt sich nun mal anders dar als die Weiten Amerikas oder Australiens.

Wer jemals die gezielte Zusammenarbeit eines Rudels im Einsatz bei Schafherden in Neuseeland oder der Schwäbischen Alb, bei Kuhherden in Australien oder auf einer Schweizer Alp verfolgen konnte, der ist einfach fasziniert von den sicheren Aktionen und gezielten Reaktionen der Hunde auf ein fernes Hörsignal des Hirten, das gelegentlich auch durch ein Sichtzeichen unterstützt wird. Die akustischen Signale werden durch Pfeifzeichen mit eigenen Melodien ergänzt. Es gibt so genannte Kann-Komandos oder Muss-Kommandos, an denen sich auch auf weite Entfernung jeder Hund klar orientieren kann. Anhand von bis zu etwa 300 einzelnen Kommandos werden vom Hirten aus vielschichtige Informationen weitergegeben, auf deren Hintergrund die Hunde eine folgerichtige Lösung finden können und sollen. Nur das erfolgreiche Zusammenspiel zwischen Auftraggeber und Empfänger garantiert eine optimale und effektive Herdenbetreuung – ein perfektes Rudel sichert die Lebensgrundlage.

In zahlreichen Schauveranstaltungen werden heute Wettbewerbe ausgetragen, in denen Hirten und Hüter ihre Arbeit mit Herdengebrauchshunden vorstellen und demonstrieren – Zuschauen lohnt sich!

Um einigen klassischen Typen dieser Rassen eine höhere Absatzchance zu geben, ihnen in Zukunft auch ein Überleben möglich zu machen, das nicht nur aus einem Arbeitsauftrag besteht, wurde neben der typischen Arbeitslinie auch eine reine Schaulinie gezüchtet – hierbei wird in der Zuchtauswahl nur auf das äußere Erscheinungsbild der jeweiligen Rasse geachtet. Allerdings sind oftmals im Verhalten

dieser Hunde die kennzeichnenden Verhaltensmerkmale noch stark vertreten.

Leider sind einige dieser Rassenvertreter momentan zum absoluten Modehund avanciert – ohne den Zuchthintergrund zu kennen und die Verwendung dieser betroffenen Hunderassen zu berücksichtigen, werden diese bewegungsfreudigen, arbeitshungrigen und leistungswilligen Wesen als Familien- oder Reitbegleithunde gehandelt. Oder als perfekte Hunde für eine private Rudelhaltung empfohlen.

Sie sind in der Regel mit dieser Haltungsform schlichtweg unterfordert und man wird ihnen in ihren Bedürfnissen in keinster Weise gerecht!

Vor allem betrifft dies die Rassenvertreter von Border Collies, Australian Shepherds oder auch den französischen Briard und den Pyrenäenberghund - alles Hunde, die durch ihr äußeres Erscheinungsbild bestechen können, aber in ihren ureigensten Ansprüchen an Haltung und Lebensinhalt in unseren Breitengraden und als viel gepriesene Familien- (Zweit-) Hunde in manchen Fällen völlig fehl am Platze sind. Darüber hinaus werden sie manchmal zu Verwendungszwecken eingesetzt, die zwar ein spektakuläres Auftreten garantieren, aber weder typgerecht noch sinnvoll sind – beispielsweise der Einsatz als Zugtiere vor dem Schlitten! Ein Gespann aus vier Border Collies und vier Weißen Schäferhunden vor dem Sommerwagen oder dem Winterschlitten sollte eigentlich für einen Aufschrei sorgen! Hier wird die rudelgemäße Einsatzweise nun wahrlich falsch verstanden.

Rassen wie der Border Collie sind als Hüte- und Treibhund gezüchtet worden. Sowohl ihr gesamter Bewegungsapparat, die körperliche Konstitution, als auch der in den Genen verankerte und in der Zucht geförderte Trieb dieser Hunde entspricht in keiner Weise den Anforderungen eines Schlittenhundes. Sie sind zwar schnell und wendig – aber keine Zugtiere!

Nicht nur manche Herdengebrauchshunde arbeiten heute noch im Rudel, auch die vielen Hunde einer Jagdmeute sind speziell für einen gezielten Arbeitseinsatz ausgebildet.

Hunde in der Jagdmeute – von der Schleppjagd und dem Jagdreiten

Die Jagd zu Pferde hat eine lange Tradition – mit Unterstützung einer Hundemeute wurde jahrhundertelang das Wild erlegt. Heute ist diese Jagdform auf das lebende Wild in Deutschland verboten – in England dagegen immer noch höchst umstrittene Praxis.

Dennoch erfreut sich die deutsche Jagdreiterei in Begleitung einer Hundemeute steigender Beliebtheit und hat begeisterte Anhänger. Bei einer Schleppjagd wird anstatt der Spur eines lebenden Wildes zu folgen, heute eine so genannte »Schleppspur« benutzt – eine künstliche Fährte, die vom Anführer eines Jagdfeldes als Tropfspur mit Fuchslosung gelegt wird. Die im Abstand folgende Meute muss diese Spur finden und verfolgen, wobei sie Weg und Tempo selbst bestimmt – die dicht dahinter folgenden Reitergruppen sind auf deren Führung angewiesen und vertrauen dem Geruchssinn der Jagdhunde.

Die Strecke einer geplanten Schleppjagd muss genehmigt sein und wird immer auch entsprechend im Gelände vorbereitet.

Es ist keine Seltenheit, dass in einer einzigen Jagdmeute über 50 Hunde gemeinsam agieren – fixiert auf ihren »Huntsman«, den Führer und Chef des großen Rudels, oder aber den »Master«, dem auch die Verantwortung über den Gesamtverlauf einer Jagd obliegt. Man spricht in der Aufzählung der Hunde von einer »Koppel« – damit sind immer zwei Hunde gemeint, 25 Koppeln sind demnach 50 Jagdhunde. Sie leben in großen Zwingern, dem »Kennel«.

In Deutschland jagen derzeit rund 780 Schleppjagdhunde in insgesamt 21 Meuten, die entweder als Privat- oder als Vereinsmeute betrieben werden. Der Gesamtbestand lässt sich auf etwa 1200 Hunde schätzen. Die Anzahl der jagenden Hunde liegt zwischen 6 und 40 Koppeln, das heißt zwischen 12 und 80 (!) Hunden.

Die Hunde der in Deutschland jagenden Meuten gehören sechs verschiedenen Rassen an. Es sind dies:

Der englische »Foxhound«, der englische »Beagle«, der französische Hirschhund (»Chien Français Tricolore«), der irische »Black and Tan«, der englische »Bloodhound« und die »Deutsche Bracke«.

Alle diese Meutehunde haben eines gemeinsam, sie sind »Bracken« und stammen von der »Keltenbracke« ab. Dieser Laufhund hatte zwei hervorstechende Eigenschaften:

Das enorme Galoppiervermögen und die äußerst zuverlässige Spursicherheit seiner Nase.

Ihre Zuchtentwicklung hat in Europa typische Schläge von Meutehunden hervorgebracht, die auf bestimmtes Wild geprägt sind. Beispielsweise der Staghound für die Hirschjagd, der Foxhound für die Fuchsjagd, der Beagle für die Hasenjagd und so weiter – rund 40 verschiedene Schläge zählt man noch heute. In Deutschland werden vorwiegend Foxhounds oder Beagles eingesetzt, gelegentlich trifft man auf eine Meute Français Tricolore und eher selten ist eine Bloodhoundmeute im Gelände unterwegs.

Ihre Aufgabenverteilung in der früher auf Wild jagenden Meute war klar geregelt: Es gab den »Leithund« (nimmt die Fährte auf, damit die Meute folgen kann), den »Hetzhund«, den »Nasenjäger« oder den »Packer« – bei einer heutigen Schleppjagd in Deutschland, die eine Jagdsituation ja nur noch nachahmt, fallen diese typischen Spezialisierungen nicht mehr so sehr ins Gewicht, wie dies noch in England heute der Fall ist.

Worauf aber in den deutschen Schleppjagdvereinen stark geachtet wird ist, dass

- die Hunde einer konsequenten züchterischen Auswahl unterliegen
- sie jederzeit im optimalen Futterstand stehen
- sie alle regelmäßig und systematisch trainiert werden
- und dass die Haltung, bzw. Unterbringung ihrem Meutewesen und ihrer Bewegungsfreudigkeit entgegenkommt

Als Meutehunde werden sie in großen Zwingern zusammen gehalten, haben ein weitläufiges Gelände um diese Anlage herum und werden von ihrem Huntsman und dessen Helfern versorgt und ausgebildet.

Die Rudelstruktur in einer Meute ist dadurch gekennzeichnet, dass es nur einen einzigen Leithund gibt - den »Kopfhund« – dahinter folgen auf der sozialen Leiter viele andere rangniedere Tiere, deren Status aber oftmals untereinander wechselt. Am Ende der Rangstruktur befinden sich die Schwächsten und Jüngsten. Alle sind am Kopfhund orientiert, der wiederum als unmittelbaren Chef seinen Huntsman hat.

Das Ausbildungsziel ist eine möglichst frühzeitige Förderung des Meutetriebes

und die Bindung an den führenden Menschen. Darüber hinaus ist die freiwillige Bindung aller Individualisten der Meute an den bestimmenden Meutetrieb eine Grundvoraussetzung für die einwandfreie Jagd im Gelände. Zudem werden die Hunde konsequent dahingehend erzogen, »wild- und fremdhundesauber« zu sein, damit der freie Jagd- und Stöbertrieb unterdrückt wird. Dabei orientieren sich die Junghunde unter menschlicher Anleitung in der Ausbildungszeit an den Althunden – zunächst zu Fuß und an der Koppel, später alleine durch Führung des Reiters vom Pferd aus.

Nur die stimmlichen Anweisungen des reitenden Huntsman oder des Masters – meistens nur an den »Kopfhund« (= Leithund) weitergegeben – lenken die gesamte Hundemeute. Deshalb zielen die meisten Gehorsamsübungen auch darauf ab, dass sich eine geschlossene Meute in der Ausbildungsphase intensiv mit den Bewegungsabläufen der Pferde auseinandersetzen kann. So sollte im Gleichklang mit den Jagdpferden ein korrekter Tempowechsel bei den Ausritten möglich sein, ebenfalls ein Durchparieren aus dem Galopp und eine Kehrtwendung der Meute – ein Kommando »Rechtsran« oder »Linksran« muss eine sofortige Reaktion aller Hunde zur Folge haben, die sich dicht beim Pferd aufhalten sollten. Ebenso wird ein korrektes Anhalten und Abwarten der gesamten Meute erwartet.

Die Erziehungserfolge mit einer unmittelbar reagierenden Meute basieren auf einem hohen Erfahrungsgrad des Huntsman – er muss sowohl ein guter Hundekenner sein, als auch ein Pferdefachmann. Denn beide Spezies müssen einfühlsam aneinander herangeführt werden.

Die enge Beziehung zum Huntsman wird durch tägliche Kontakte stark gefördert – oftmals wohnt dieser auch mit den Hunden zusammen, beziehungsweise in deren unmittelbarer Nähe. Nicht selten befinden sich die Pferdestallungen auch in direkter Umgebung, so dass eine frühzeitige Prägung der Junghunde, auch auf alles, was pferdisch riecht und sich danach anhört, stattfinden kann.

Die Erziehung und Ausbildung einer perfekten Jagdmeute ist sehr zeitaufwändig, für den Huntsman und seine Helfer/innen meistens ein Full-Time-Job. Aber nur eine korrekt ausgebildete und trainierte Hundemeute garantiert das Gelingen eines Jagdausfluges zu Pferde – früher nötig zum Lebensunterhalt, heute ein reines Freizeitvergnügen mit traditionellem Charakter.

Die Schlittenhunde - Arbeitstiere vor dem Lastenschlitten

Sie waren der Garant zum Überleben – in einer extremen Klimazone sicherten die nordischen Hunde als leistungsstarke Arbeitstiere vor den Schlitten die Existenz der Nomaden im ewigen Eis. Jede Familie war angewiesen auf ein großes Rudel von gesunden und kräftigen Schlittenhunden, die den gesamten Material-Transport auf mehreren Lastenschlitten bewegten, wie beispielsweise die Huskys oder die Grönlandhunde.

Ebenso abhängig waren die Eskimos von ihren Jagdhunden, die in der unendlichen Weite der Taiga in der Lage waren, Bären, Elche und Luchse zu stellen, wie beispielsweise eine »Laika«. Auch das Hüten der Rentierherden in der Tundra war nur unter Mithilfe von einem speziellen nordischen Hütehund, wie beispielsweise dem »Lapinkoira« möglich. Die Widerstandskraft in extremsten Wetterlagen und ihre unglaubliche Lauffreudigkeit zeichnen die nordischen Hunderassen noch immer aus.

Sie wurden in unterschiedlichen polaren Regionen, in Nordeuropa, Nordasien der Arktis und Antarktis, gezüchtet – 26 verschiedene Rassen kennt man heute noch. Sie werden unterteilt in vier große Gruppen: die Schlittenhunde, die nordischen

Jagdhunde, die nordischen Wach- und Hütehunde, die asiatischen Spitze und ihre verwandten Rassen. Ihr äußeres Erscheinungsbild, vor allem der spezielle Körperbau und das dichte Fell, war für die jeweiligen klimatischen Verhältnisse und ihren besonderen Verwendungszweck optimal entwickelt.

Das Fell besteht aus einer Art Doppelmantel – aus dichter, feiner Unterwolle und hartem, wetterfestem Grannenhaar. Die Rute ist beweglich und buschig, damit sie beim Ruhen um die Nase und das Gesicht gerollt werden kann, um die Atemluft vorzuwärmen. Das innen behaarte Stehohr kann den widrigsten Wetterverhältnissen ausgesetzt werden. Die tiefsten Temperaturen bis minus 50 Grad können diesen Hunden nichts anhaben. Nur sehr große Hitze und anhaltender Regen bekommen ihnen nicht gut.

Diese Körpermerkmale kennzeichnen auch den Urahnen der Haushunde – den Wolf. Daher bezeichnet man die Schlittenhunde als »wolfsähnlich« – nicht nur wegen ihres durchdringenden Geheuls erinnern sie manchmal an Wölfe. Das äußere Erscheinungsbild und ihre erhabene Ausstrahlung, ihre Selbstständigkeit und Selbstsicherheit signalisieren die Eigenständigkeit dieser Hunde. Ihr Halter und Führer ist stets gefordert, diesen charakterstarken Rudel-Hunden in ihrem Wesen und Ansprüchen gerecht werden zu können.

Gelingt aber der Aufbau einer intensiven und vertrauenswürdigen Beziehung zwischen Mensch und Hund, dann entwickeln Schlittenhunde einen kaum zu bremsenden Arbeitseifer. Der Drang, eine Arbeitsaufgabe zu erfüllen – möglichst selbstständig – ist derartig ausgeprägt, dass sie, angetrieben von ihrem Willen zu laufen und die Weite einer Landschaft zu durchdringen, bis zur Erschöpfung alles geben. Ohne ihren

zähen Leistungswillen hätten die Schlittenhunde der ersten Polarforscher niemals die Expeditionen so erfolgreich unterstützen können.

In unsere Breitengrade gelangten die ersten Schlittenhunde Ende des 19. Jahrhunderts – als Arbeitstiere, beispielsweise in die Schweiz. Dort leisteten die ersten Samoyeden und Grönlandhunde vor den Lastenschlitten Aufbauhilfe beim Bau der Jungfraujochbahn im Berner Oberland – sie transportierten durch Schneestürme und Lawinenabgänge die Post und Lebensmittel für die Arbeiter am Berg. Seither existiert am Eigergletscher eine Polarhundekolonie von rund zwanzig Grönlandhunden.

Seit Anfang der sechziger Jahre entdeckte man in Mitteleuropa das Fahren mit dem Hundeschlitten als extravagantes Freizeitvergnügen – eine neue Ära der Schlittenhunde, ihrer Zucht und Verwendung setzte ein, die kontrollierte Reinzucht der nordischen Rassen hatte begonnen.

Vor dem Schlitten werden heute folgende reinrassigen Hunde eingesetzt:

- der Siberian Husky
- der Samoyede
- der Alaskan Malamute
- der Grönlandhund
- der Canadian Eskimo Dog

und ein viel umstrittenes Kreuzungsprodukt für den Rennsport, der Alaskan Husky. Darüber hinaus jede Menge Zuchtprodukte aus Jagd- und Windhunderassen, deren Einsatz in der Szene für heiße Diskussionen sorgt.

Der Schlittenhundesport hat sich weltweit entwickelt – er garantiert heute eine fortlaufende Zucht dieser Hunde aus dem hohen Norden, während in den eigentlichen Ursprungsländern meistens längst der Motorschlitten und Allradjeeps die früheren Aufgaben der Schlittenhunde übernommen haben.

Die Rassenbeschreibung der Schlittenhunde zeigt zwar weitgehende Ähnlichkeiten auf, aber auch gravierende Unterschiede. Eines haben sie aber alle gemeinsam – ihr natürliches Bedürfnis, im artgerechten Rudel zu leben.

Ihr Arbeitseinsatz wurde früher schon überwiegend im Rudel geleistet – entweder im so genannten »Fächergespann«, in dem manchmal rund fünfzehn Hunde nebeneinander eingespannt wurden, oder in einem »Tandemgespann«, das ebenfalls mehrere Hunde – allerdings einzeln hintereinander – verband. Der zweckmäßige Hintergrund war die Beschaffenheit der Landschaft, beziehungsweise die natürliche Gestaltung der Wegstrecken. Während in einem Fächergespann die Hunde beweglicher sind, um eventuellen unebenen Bodenflächen oder Spalten in Eis und Schnee ausweichen oder diese überspringen zu können, erscheint ein Tandemgespann dann sinnvoller, wenn die Pfade durch den Wald eng und schmal sind.

Im heutigen Schlittenhundesport wird allerdings in der Regel das so genannte

»Doppelgespann« eingesetzt, in dem die Hunde zu zweit nebeneinander laufen. Manchmal wird der schnelle und führungsfreudige Leithund alleine vorne eingespannt, gelegentlich sind auch zwei ranghohe Hunde an vorderster Position. Danach folgen die zwei Spitzenhunde und direkt vor dem Schlitten die zwei kräftigen Deichselhunde. Zwischen diesen beiden Positionen laufen alle anderen Mittelhunde. Ein Gespann wird je nach Distanz zusammengestellt – mit rund zwanzig Hunden vor dem Schlitten ist ein Doppelgespann von einem guten »Musher« (Schlittenführer) noch zu lenken, aber eher selten anzutreffen.

Die Kommandos werden dem Rudel, insbesondere dem Leithund, nur mit Stimme gegeben – etwa sechs klare Anweisungen benötigt ein erfahrenes und eingespieltes Schlittenhundeteam, um direkt und sicher ein Gelände zu durchstreifen. Bis eine Ausbildung zum Schlittenhund abgeschlossen ist, braucht es viel Geduld und Erfahrung des Ausbilders, um keinen Hund zu früh an falscher Position zu überfordern beziehungsweise zum falschen Zeitpunkt zu unterfordern. Erfahrene Musher erkennen sofort, ob sich ein Hund an der ihm zugewiesenen Position wohl fühlt oder etwa nicht. Seine Führungsqualitäten sollten im Rudel unumstritten sein – sonst wird ein unkontrolliertes Gespann unzumutbar und gefährlich für alle Beteiligten in dessen Umgebung.

Der Siberian Husky

Er gilt als der bekannteste Vertreter unter den Schlittenhunderassen, gleichzeitig auch als der kleinste und schnellste von ihnen. Der geschmeidige Körperbau, seine auffällige Fellzeichnung und die oftmals bestechenden stahlblauen Augen kennzeichnen dieses Rudeltier.

Sein Ursprungsland ist Ostsibirien, von dort aus wurde er um 1900 herum nach Alaska importiert. In den fünfziger Jahren erfolgten die ersten Importe in europäische Länder - sein Ruf als unermüdlicher und temperamentvoller Arbeitshund vor dem Schlitten eilte ihm schon damals voraus. Er wurde auf den weltweit anstrengendsten und härtesten Schlittenhunderennen erfolgreich eingesetzt. Wer mit der Haltung von zwei Huskys anfing, hatte nicht selten und in kürzester Zeit zehn von ihnen...!

Als heutiger Modehund ereilte ihn leider auch das Schicksal eines einsamen Hundelebens in der Großstadt, was seinen arttypischen Bedürfnissen in keiner Weise gerecht wird.

Der Samoyede

Sein auffälliges Erscheinungsbild setzt ihn sogleich in Szene – der große, weiße Hund mit den schwarzen, runden Augen besticht durch sein wuscheliges, langes Fell genauso, wie durch seine gelassene Ausstrahlung.

In Westsibirien wurde er vom Nomadenvolk der Samoyeden gezüchtet und als Rentierhüter und Jagdhelfer, aber auch als Zugtier vor dem Schlitten gebraucht. Auch die Polarforscher

Scott und Amundsen setzten diese ausdauernden Hunde vor ihren Lastenschlitten ein.

Nach Europa wurde er als Arbeitshund erstmals um die Wende des 19./20. Jahrhunderts importiert – aber erst ab den vierziger Jahren verfolgte man seine gezielte Zucht. Seither steigt sein Bekanntheitsgrad stetig an und man begegnet ihm wieder verstärkt in der Schlittenhundeszenerie. Seine anhängliche, freundliche Art verleitet leider immer häufiger Stadtmenschen dazu, ihn als einen »Kuschelbären« in die Familie integrieren zu wollen.

Der Alaskan Malamute

Seine beeindruckende Kraft und Ausdauer, verbunden mit einem kompakten, muskulösen Körperbau und einer selbstsicheren, ruhigen Ausstrahlung macht diesen großen Hund zu einem unübersehbaren Exemplar vor jedem Schlitten. Mehrere dieser Kraftpakete in einem Schlittengespann entwickeln eine Zugkraft, die ihresgleichen sucht.

Als Lastenzieher und Tragtier wurden diese Hunde von einem Eingeborenenvolk in Alaska, den »Mahlemiuts« gezüchtet und gehalten – ein Stamm auf höchster Entwicklungsstufe, der immer auch in Zusammenhang mit seinen besonderen arktischen Hunden erwähnt wurde.

Die Alaskan Malamutes galten im letzten Jahrhundert als fast ausgestorben – der Fortbestand ihres rassetypischen Äußeren und ihrer Veranlagungen war extrem gefährdet. Aber Dank dem Engagement einzelner Liebhaber weltweit gilt heute ihr Bestand als gesichert. Immer häufiger erscheinen sie als Schlittengespanne in der Öffentlichkeit, vor allem bei Sportveranstaltungen mit ausschließlich reinrassigen Hunden.

Der Grönlandhund

Er gilt als der ursprünglichste aller Schlittenhunde – sein Name gibt direkten Aufschluss über seine Herkunft. In Grönland wurde und wird er auch heute noch gezüchtet, zwar nicht mehr ausschließlich zur heimischen Jagd und zum

Grönlandhunde am Eigergletscher

Grönländer-Nachzucht

Lastentransport, sondern eher für den touristischen Einsatz vor dem Hundeschlitten. Dennoch gibt es Geländeverhältnisse, wo ein Grönlandhund - auch heute noch unentbehrlich - als Lastentier gebraucht wird.

Ihre imposante Statur signalisiert deutlich die Leistungsstärke, und unterstreicht die selbstsicheren Verhaltensweisen eines jeden Grönländers. Charakterstark im Wesen und zuverlässig in seinem Arbeitswillen, verlangt er von seinem Halter und Schlittenführer einen konsequenten Umgang und klare Anweisungen. In der ranghöchsten Rudel-Position sollte sich immer der Mensch befinden - niemals sein Leithund!

Die starken »Grönis«, wie sie oft genannt werden, weisen in der Fellfarbe die buntesten Zusammensetzungen aller Schlittenhunde auf. Von reinem Weiß über schwarzweiß bis hin zu braun-weiß und braun-meliert reicht die interessante Farbpalette.

In unseren Breitengraden gibt es noch nicht viele dieser außergewöhnlichen Hunde – in der Schweiz beispielsweise leben insgesamt nur etwa 55 Grönlandhunde, davon alleine in der anerkannten Zuchtstätte der Polarhundekolonie am Eigergletscher um die 25 ausdrucksstarke Exemplare – dank aktueller erfolgreicher Nachzucht.

Der Canadian Eskimo Dog

Wie sein Name schon sagt, war und ist er der Hund der Eskimos. Nur – von denen lebten verschiedene Stämme nicht in einer begrenzten, überschaubaren Region, sondern sie und ihre Hunde waren und sind in den weiten polaren Zonen von Grönland, Russland und Alaska, und auch in den nördlichen Gebieten von Kanada zuhause. Daher war es umso schwieriger, den Eskimo-Hund züchterisch zu standardisieren und seine Population zu überwachen. Einige Zeit galt der vielfarbige Eskimo-Hund als tatsächlich ausgestorben – bis man vor etwa zwanzig Jahren jedoch einige letzte reinrassige Exemplare ausfindig machte. Heute verfügt die Zucht des Eskimo-Hundes über eine solide Grundlage, die dem robusten Schlittenhund – besonders in naturnahen Regionen Kanadas – eine Zukunft sichert.

Für alle Schlittenhunderassen gilt: Auch wenn sie dem Wolf in ihrem äußeren Erscheinungsbild häufig stark ähneln, fließt in ihren Adern kein Wolfsblut mehr – es sind Hunde! Und zwar Hunde mit einem unglaublichen Arbeitseifer – aber auch einer starken Jagdpassion.

Wer immer sich dem interessanten Rudel-Leben mit diesen Hunden verschreibt – er sollte genau wissen, worauf er sich einlässt!

Für alle die geschilderten Arbeitshunde–Rassen gilt ein wichtiges Detail gemeinsam:
Sie sind zwar überwiegend rudelverträglich – verfügen aber meistens noch über einen stark ausgeprägten Jagdtrieb!

Kapitel III
DER FAMILIENHUND
- alleine, aber glücklich?

In Verkaufsanzeigen liest man es immer wieder: Der »ideale Familienhund« wird angepriesen, so, als wäre ein Leonberger, ein Tibet Terrier oder ein Collie in all seinen Bedürfnissen voll befriedigt, wenn er denn nur in einer freundlichen Familie leben dürfte – alleine, versteht sich. Es wird suggeriert, dass die bloße Existenz der Familienmitglieder für bestimmte Rassenvertreter einen Rudelersatz bietet, der den Hund in seinen natürlichen Veranlagungen vollkommen ausfüllt. Er ist ja »domestiziert«...! Also ist er auch »kinderlieb« und »gutmütig«, »sanft« und »liebevoll« - nur weil es beispielsweise ein Berner Sennenhund ist.

Aber das ist ein Trugschluss – das Zuchtziel »Familienhund« gibt es (noch) nicht. Und eine spezielle Rasse, deren Vertreter gerne als Hund alleine lebt, erst recht nicht. Menschen können die Artgenossen ihrer Hunde und deren artspezifischen Umgang miteinander niemals ersetzen!

Leider täuscht die Erfindung von Begriffen, wie beispielsweise der »willige Begleithund« – den man gerne dem Labrador zuordnet – oder der »nette Gesellschaftshund« – wie man den Malteser betitelt - bedauernswerter Weise darüber hinweg, dass jeder Hund seine individuellen Verhaltensmerkmale und Wesenszüge hat, die nicht per se (!) darauf ausgerichtet sind, in erster Linie dem Menschen nur als Sozialpartner zu dienen.

Hinzu kommen für jeden Hund seine rassespezifischen Besonderheiten, die aufgrund der langjährigen Zuchtschwerpunkte bestimmte Arbeitsleistungen in den Vordergrund stellen - selbst wenn es für einige Rassen mittlerweile die Zucht einer so genannten »Arbeitslinie« oder »Schaulinie« gibt. Kein Züchter wird die Garantie dafür übernehmen, dass ehemalige rassetypische Verhaltensweisen dadurch ausgeschaltet sind. Selbst wenn ein Hütehund aus der »Schaulinie«, wie beispielsweise ein Australian

Shepherd, seinem Familienmitglied vielleicht nicht mehr in die Haxen kneift, so hat er dennoch seinen agilen Bewegungsdrang, seine schnelle Auffassungsgabe und seine Sensibilität erhalten... - trotz des alleinigen Zuchtziels »Schönheit«!

Auch die Bezeichnung »ein Hund aus Familienzucht« bedeutet noch lange nicht, dass dieser Vertreter seiner Rasse sich automatisch als Familienmitglied problemlos als lebendiges Spielzeug missbrauchen lässt oder lediglich als Kuschel- und Streichelobjekt im Haus verkümmern kann – selbst bei optimaler Versorgung bleiben die meisten dieser Hunde völlig unterfordert und entwickeln infolgedessen vielfach unerwünschte Verhaltensweisen.

Einen »umgänglichen Hund«, der wesensstark und ausgelastet in seiner Familie existieren kann, erhält man nur dann, wenn mehrere verschiedene Faktoren die Basis für die Entwicklung eines vierpfotigen Individuums bilden, die zwar einerseits durch Charaktermerkmale und äußeres Erscheinungsbild vorgegeben sind, aber andererseits durch Welpenprägung, Erziehung und Ausbildung beeinflusst werden müssen - und indem ihm der tägliche und intensive Kontakt zu seinesgleichen ermöglicht und seitens des Halters gefördert wird!

Zu dritt, viert oder fünft ist alles einfacher?

Es wäre anmaßend zu behaupten, nur dann sei ein Hund artgerecht und seinen Bedürfnissen entsprechend gehalten, wenn er im vierbeinigen Rudel zuhause leben könnte.

Es gibt durchaus Hunde, denen man als Bezugsperson keinen Gefallen bereiten würde, wenn man einen weiteren Artgenossen in den eigenen Haushalt aufnehmen wollte.

Zu diesen Exemplaren gehören – unabhängig von einer Rasse – insbesondere alte und kranke Hunde, verstörte und verhaltensauffällige Hunde mit unbekannter Sozialisierung und Herkunft, sowie Mobbing-Opfer, die mehrmals einer Meuteaggression ausgesetzt waren.

Diese Hunde können zwar außerhalb ihres häuslichen Reviers durchaus noch den Kontakt zu ihren Kumpels suchen, würden aber unter Umständen extrem abweisend reagieren, wenn ein zusätzlicher »Störenfried« die traute und behagliche Zweisamkeit mit Herrchen oder Frauchen in sicherer Umgebung teilen wollte.

Gerade in diesen Fällen scheint es also besonders notwendig zu sein, sich bei einer eher zufälligen Begegnung mit einem potenziellen weiteren Hausgenossen auf vier Pfoten eher vom Verstand leiten zu lassen als vom Gefühl.

Oftmals entwickeln sich Situationen, die Mitleid wecken und dadurch zu Handlungen führen, die vielleicht nicht im Interesse des eigenen Hundes zuhause liegen. Eine Entscheidung über die Anschaffung eines Zweit- oder Dritthundes sollte im Interesse aller Beteiligten eigentlich erst nach reiflicher Überlegung fallen.

Aber meistens geraten Hundefreunde in innere Bedrängnis, wenn ein akuter »Sozialfall« auftritt.

Viele kleine Hunderudel sind entstanden, weil

- ein erbarmungswürdiges Wesen nach einer Urlaubsbegegnung gerettet wurde
- die Insassen im Tierheim leiden
- der Tierschutz einen Paten sucht
- ein ausgesetzter Hund zuläuft oder gebracht wird
- der arbeitslose Freund seinen Mitbewohner nicht mehr finanzieren kann

- plötzliche Krankheiten, wie Allergien, die Hundehaltung für den Bekannten unmöglich machen
- der Tod des bisherigen Halters den Hund vereinsamen lässt
- Scheidungen im Freundeskreis die Hundehaltung nicht mehr gestatten
- ein Paar zusammenfindet, dessen jeweilige Hälfte schon einen oder mehrere Hunde besitzt
- ein »süßer Welpe« auf dem Markt angeboten wird, dem scheinbar ein Leidensweg droht

Alles verständliche Gründe – aber eben rein emotionale und meistens keine rationalen Gedanken begleiten in solchen Fällen die Entscheidung über die Aufnahme eines weiteren Hundes.

Was der bisherige, alleinige Herrscher des Hauses dazu meint, wird sich dann jeweils herausstellen – es kann gut gehen, aber meistens eben nicht.

Zumindest nicht auf Anhieb – viel Geduld und Einfühlungsvermögen sind gefragt. Die Konflikte, die man sich auf diese Weise oftmals ins Haus holt, werden anfangs total unterschätzt. Ein harmonisches Rudel aufzubauen bedeutet nämlich nicht, lediglich eine willkürliche Anzahl von beliebigen Hunden anzusammeln, sondern im Vorfeld einige Entscheidungen zu treffen, die kynologisches Basiswissen zur Grundlage haben.

Von den »Bauchentscheidungen« einmal ganz abgesehen, haben viele Hundehalter den lang gehegten Wunsch, mehrere Hunde – die sich gut verstehen – um sich zu haben.

Aber in diesem Falle sollten nicht nur die Aspekte hinsichtlich einer harmonischen Hundegemeinschaft ins Visier genommen werden, sondern darüber hinaus ist zunächst die Frage zu stellen, warum und aus welchen Gründen die Anschaffung eines Zweit- oder Dritthundes ernsthaft überlegt wird.

Warum ein eigenes Rudel?

Unterschiedliche Absichten stehen oftmals hinter dem Gedanken, ein eigenes Rudel im Hause zu halten. Sie sind, im Interesse der Hunde, zu unterscheiden in legitime oder eher abzulehnende Gründe:

- »Mit dem Ersthund haben wir nur gute Erfahrungen gemacht – wir trauen uns die Integration eines Zweit- oder Dritthundes zu, um ihm andauernde, artgerechte Gesellschaft zu ermöglichen.«
  Prima – wenn sich die Familie über alle Konsequenzen ihrer Entscheidung bewusst ist.
- »Im Bekanntenkreis hält jemand auch ein kleines Rudel – das klappt so toll und problemlos, so eine harmonische Gemeinschaft von Mensch und Hund stellen wir uns auch vor.«
  Nur weil die Rudelhaltung des Bekannten funktioniert, bedeutet das noch lange nicht, dass man selbst in der Lage ist, seine Hunde zuverlässig auszubilden und zu führen. Eine selbstkritische Überprüfung der eigenen Fähigkeiten und Möglichkeiten ist daher angesagt, bevor man sich von der Begeisterung Dritter anstecken lässt.
- »Unter mehreren Hunden fühlen wir uns einfach wohl – wir genießen den abwechslungsreichen Tagesablauf mit den Hunden und leben gerne als soziale Gruppe mit verschiedenen Pflichten und Rechten in einer strukturierten Rangordnung.«
  Eine solche Einstellung ist sicherlich die beste Voraussetzung, das Wagnis einer Rudelhaltung einzugehen.

Dagegen sind die folgenden Überlegungen leider allzu häufig – und damit die Probleme vorprogrammiert.

- »Der Ersthund ist im Haus zu viel alleine – er braucht dringend Gesellschaft, damit er beschäftigt ist.«
  Wer seinem Hund so viel Einsamkeit zumutet, der muss das nicht noch einem zweiten Exemplar antun – außerdem macht gemeinsame Langeweile noch erfinderischer für jeglichen Unsinn.
- »Der erste Hund ist schwierig – ein zweiter könnte für Abhilfe sorgen.«

Ein Hund mit gestörtem Verhaltensmuster bedarf zunächst einer guten Erziehung. Erst dann kann man den zweiten Hund in seine Gesellschaft lassen – ein weiterer Hund übernimmt nämlich ganz schnell die schlechten Manieren und unerwünschten Marotten des ersten Hausgenossen.

- »Der alte Hund ist krank und wird sicherlich bald sterben – ein zweiter kann sich als Ersatz ja schon mal einleben.«
  Damit ist weder dem alten Senior noch dem jungen Zuwachs geholfen - der kränkelnde Althund fühlt sich zurückgesetzt und ist den unerwünschten Spielattacken des Junghundes ausgesetzt. Und der Neuzugang weiß mit den Reaktionen des Alteingesessenen nicht umzugehen, fühlt sich unterfordert und falsch verstanden, weil sein Artgenosse auf seine Avancen nicht eingeht.

- »Man fühlt sich heute sicherer, wenn man mit mehreren Hunden unterwegs ist.«
  Der Beschützerstatus, der mehreren Hunden in Begleitung unterstellt wird, ist ein gefährliches Argument. In Zeiten sich häufender, aggressiver Übergriffe von mehreren Hunden auf kleine und große Menschen sollte ausgerechnet dieses Bedürfnis wirklich nicht im Vordergrund stehen, wenn es um die eventuelle Haltung eines Rudels geht. Eine solche Einstellung bedeutet geradezu eine Provokation der Umwelt.
- »Die Freude am einzelnen Hund in der Familie soll verdoppelt werden, deswegen soll ein zweiter Hund dazu kommen.«
  Es gibt keine Garantie dafür, dass die bisherige problemlose Haltung des Einzelhundes durch die Anschaffung eines zweiten oder gar dritten Exemplares die Freude verfielfacht – man muss auch darauf eingestellt sein, dass unvorhersehbare Gegebenheiten eintreten könne, die eher das Gegenteil bewirken.

- »Freunde, Bekannte und Nachbarn reagieren mit Bewunderung, wenn man sich mit mehreren, möglichst auffälligen Hunden in der Öffentlichkeit zeigt.«
  Kann sein – sofern sie gut erzogen sind! Ansonsten wird man schnell zum Außenseiter. Nur dann ist es für den Rudelhalter ein positives Erlebnis, wenn er vorher einige wichtige Details überlegt und Bedingungen schafft, die ihn und sein Rudel auch glücklich machen.

Die Anforderungen an einen Rudelhalter und seine Lebensbedingungen sind vielschichtig, aber sollten unbedingt erfüllt werden können, wenn der Gedanke an die Haltung mehrerer Hunde sich verfestigt.

Wer mit seinem Einzelhund schon unter Zeitdruck gerät, permanent ein schlechtes Gewissen hat, weil der Hund nicht ausreichend beschäftigt ist und eigentlich die Freizeit neben dem Job schon voll verplant ist – der sollte von der Anschaffung eines weiteren Hundes absehen.

Wer glaubt, neben der bisherigen Haltung von zwei Hunden sei ein zusätzliches drittes Exemplar noch leicht zu verkraften – der kann sich schwer irren.

Wer meint, wenn man sich drei Hunde hält, mache ein vierter auch keinen großen Unterschied mehr – der wird unter Umständen schnell eines Besseren belehrt.

Wer sein bestehendes Rudel aus vier Hunden um weitere vierbeinige Mitglieder erweitern will – dem sei geraten, die folgenden Aspekte besonders sorgfältig zu überdenken.

Bei allen Überlegungen sollte ein Faktor zunächst als Erstes im Vordergrund stehen: ***Die eigene Zeit!***

Und zwar muss nicht nur die freie, verfügbare Zeit für die Beschäftigung mit den Hunden überprüft werden, sondern man muss sich auch darüber im Klaren sein, dass die Gestaltung des restlichen Tages und der Nacht zwangsläufig andere Formen annimmt.

Zcit braucht man insbesondere für die Phase der Integration des zusätzlichen Hundes – niemand sollte glauben, der eigene Hund – und sei er draußen noch so versessen auf die Spielkameraden – akzeptiere sofort freudig und schwanzwedelnd den neuen Hausgenossen. Auch zwei eingeschworene Freunde reagieren nicht sofort

völlig begeistert auf den Dritten im Bunde... Meistens ist zunächst das Gegenteil der Fall! Zeitaufwändige Beschäftigung mit allen (!) Hunden ist angebracht, vor allem dann, wenn es sich bei dem Neuling um einen Welpen handelt! Wer jemals einen einzelnen Welpen verantwortungsvoll groß gezogen hat, der weiß, was auf ihn zukommt. Ein paar Monate ist man vollständig ausgelastet, wenn mit diesem wilden Wuschelknäuel auch noch andere Hunde gleichzeitig im Hause herumspringen...

Zeit ist nötig für die phasenweise Einzelerziehung des Neuzugangs. Handelt es sich um einen Welpen, so ist es angebracht, mit ihm – alleine – zu den Prägungsspieltagen oder in eine Welpenspielgruppe zu gehen. Diese Zeit fehlt wiederum für die Beschäftigung mit den restlichen Rudelmitgliedern... Ist es ein erwachsener Hund, empfiehlt sich ebenfalls der gesonderte Besuch einer Hundeschule, um dort unter fachlicher Anleitung spielerisch die Bindung untereinander aufzubauen und zu festigen. Was machen in dieser Zeit die anderen pfotigen Kumpane...?

Handelt es sich um einen Neuzugang, der unter einem stark gestörten Sozialverhalten leidet – was sich bei »Notaufnahmen« meistens erst hinterher herausstellt – ist der Zeitaufwand für zusätzliche Korrekturerziehung, mit oder ohne das restliche Rudel, einzukalkulieren.

Zeit ist besonders dann gefragt, wenn einer oder gar mehrere Hunde krank werden – und zwar sind in diesem Falle nicht nur die Zeiten für die Besuche beim Tierarzt einzuplanen. Vor allem die zum Teil aufwändigen Behandlungen, wie beispielsweise Wunden versorgen, Verbände wickeln oder Medizin verabreichen sind zeitaufwändig. Abgesehen von den pflegerischen Folgen einer Operation (es braucht ja nur die Kastration zu sein), währenddessen man den betroffenen Hund von den anderen separieren muss, ihn aber nicht einfach nur wegsperren kann, denn dieser braucht ja erst recht seine Zuwendung – kann eine »lapidare« Darmstörung oder Magenverstim-

mung zeitliche Abläufe und Gewohnheiten völlig durcheinanderbringen... Nächtliche Wanderungen tragen nicht gerade zur vollen Fitness bei!

Zeit mit den Hunden zusammen im Sommer verbringen – das ist für alle Hundefreunde eine beliebte Freizeitbeschäftigung. Aber wie steht es um die zeitlichen Möglichkeiten bei schlechten Wetterphasen oder gar im Winter? Wenn die Tage kürzer sind und der dunkle Abend gemeinsame Unternehmungen im Freien fast unmöglich macht? Das Rudel wartet trotzdem auf Beschäftigung und hat seinen Bewegungsdrang auch bei Regen, Schnee und Eis... Kann man zeitlich so flexibel sein, auch in diesen Phasen keinen zu kurz kommen zu lassen – eventuell andere Arbeitszeiten zu arrangieren?

Zeit für die Pflege – je nach Rassenvertreter mit dichtem Pelz oder langem Fell ist manchmal sogar eine tägliche Zeitspanne für Bürsten und Kämmen einzukalkulieren. Und zwar als Resultat abwechslungsreicher Spaziergänge in naturnaher Landschaft - mehrere Hund raufen eben gerne miteinander, indem sie wild übereinander kugeln und zackige Verfolgungsjagden durch die Prärie starten.

Nicht immer ist dabei schönes Wetter – im Gegenteil. Die Jahreszeiten, in denen die Hunde über feuchte Wiesen, matschige Wege oder durch nasse Felder toben, ist insgesamt gesehen länger – besonders lehmige Ackerböden ziehen ein sich wälzendes Hunderudel förmlich an... Oder aber frische Gülle und feine Kuhfladen, leckere Schafsküddel oder die Hinterlassenschaften von Wildschweinen sind ungeheuer beliebt... Selbst wenn man kein Duschfanatiker oder Bürstenfetischist ist, stinkende und krümelige Dreckbrocken sollten eben doch aus dem Hausinneren ferngehalten werden. Und schon ist wiederum ein Teil von 24 Stunden verbraucht, bis man drei »parfümierte« Monster wieder sauber hat.

Zeit ist nicht nur für die Pflege des Rudels aufzuwenden, sondern auch für deren – und der eigenen – Wohnräume und Schlafplätze. Auch wer keinen Putzfimmel hat und permanent einen glänzenden Fußboden bevorzugt – öfters zu Staubsauger und Putzlappen muss man dennoch greifen, selbst wenn man die Hunde nicht rund um die Uhr im Hause hat. Auch Zwinger, Hundeboxen und Autokofferraum sowie auch die Gartenanlage verlangen regelmäßige Säuberungsaktionen, will man sich und den Hunden keine Ungeziefer und Krankheitserreger zumuten. Wer macht das und wann...?

Zeit für sich selbst – bleibt sie erhalten, trotz der großen Hundeliebe? Ist man auf Dauer bereit, eigene Neigungen und Bedürfnisse in den Hintergrund zu stellen, damit die der Hunde voll befriedigt werden können? Dazu gehören nicht nur aufwändige Hobbys, sondern die Rede ist von einem ausgiebigen Stadtbummel mit gemütlichem Restaurantbesuch, einem Gang über den Markt mit Einladung ins Eiscafé, einem Kino- oder Konzertbesuch, Vernissage im Museum oder einem Abend mit Abtanzen in der Disco und so weiter und so fort. Alles Unternehmungen, die mit mehreren Hunden an der Leine nicht umsetzbar sind. Selbst wenn das Rudel dazu erzogen wurde, ohne zu randalieren auch mal eine Weile alleine zu sein, so stehen aber oftmals Fütterungs- oder Ausführzeiten im Wege, die eine zeitlich unabhängige Freizeitplanung fast unmöglich machen.

Zeit für die Freunde – ist der Kontakt und ein Treffen auch dann noch mit alten Freunden möglich, wenn diese zwar den bisherigen Einzelhund ertragen haben, mit einer steigenden Anzahl der Vierbeiner aber zunehmend Probleme haben – aus welchen Gründen auch immer? Wird man noch zum Geburtstag eingeladen, wenn anstatt der bisherigen zwei vielleicht plötzlich vier pfotige Exemplare an der Leine im Türrahmen stehen? Selbst wenn man das organisatorische Kunststück umgesetzt hat, mal alleine oder mit dem Partner gesellschaftlichen Einladungen und Kontakten nachzukommen – der Prozess einer sozialen Außenseiterrolle ist schleichend. Sofern man bereit ist, diese zu akzeptieren – kein Problem, aber oftmals fällt manchem Rudelhalter erst nach einiger Zeit auf, dass weniger Anrufe zum Geburtstag kommen und die Zeiten gemeinsamer Feten auch schon länger her sind... Andererseits kann es auch passieren, dass man neue Freunde gewinnt, die in einer ähnlichen Situation leben – und schon hat sich das Rudel erweitert.

Zeit für die Pflege der Beziehungen zum Partner oder der Partnerin, zur anderen Ehehälfte und den Kindern – das persönliche soziale Netz fordert manchmal eine eigene Zuwendung, die unabhängig vom Bezug zu den Hunden geprägt sein sollte. Verliert man aufgrund des unablässigen Einsatzes für die Hunde das Gespür für die Bedürfnisse der eigenen sozialen Partner in einer Lebensgemeinschaft, dann ist man auf dem besten Wege, in die soziale Vereinsamung zu geraten!

Wer in einer Gemeinschaft lebt und diese erhalten will, dem ist tunlichst zu raten, nur mit klarem Einverständnis aller Beteiligten das Hunderudel aufzubauen und zu vergrößern. Im Klartext heißt das - Partner/innen sollten die Hundeliebe teilen und im Vorfeld in die Planungen mit einbezogen werden. Die Aufgabenverteilung, die den täglichen Umgang mit den Hunden koordiniert, muss gleichwertig und zeitlich überschaubar verteilt sein. Es hat immer Folgen, wenn einer der beiden Betroffenen auf Dauer das Gefühl bekommt, lediglich im Interesse der Hunde nur noch ausgenutzt zu werden. Frühe Anzeichen einer gewissen Unzufriedenheit beim Partner oder der Partnerin werden dabei gerne übersehen – und plötzlich wundert man sich, wieso außer dem Rudel niemand sonst mehr im Hause ist...

Die Übereinstimmung in zeitlichem Engagement und dem fair strukturierten Management um die Hundehaltung herum ist eine wesentliche Basis, das ganze Geschehen für alle Beteiligten mehr als eine Bereicherung als eine Belastung zu erleben.

Ein weiterer Schwerpunkt der Vorüberlegungen ist die ***Überprüfung der Wohnsituation***.

Die Halter eines Einzelhundes haben sich vielleicht schon Gedanken machen müssen, wo und wie sie mit ihrem Hund leben – die Genehmigung des Vermieters zu erhalten und die Gewöhnung der Nachbarn an das Tier im Haus hat auch problemlos geklappt. Aber wie entwickelt sich die Atmosphäre, wenn es nicht bei einem »Treppenverschmutzer« bleibt?

Solange es sich um einen weiteren kleinen Hund handelt, der sich zudem auch noch ruhig zuhause verhält, dürfte es eigentlich keine Beschwerden geben. Aber der Einzug eines weiteren größeren Hundes – das ruft die Nachbarn meistens auf den Plan. Und der Vermieter muss reagieren.

Daher ist es sicher sinnvoll, sich nur dann auf eine Rudelhaltung einzulassen, wenn man entweder ein Haus angemietet hat, in dessen Mietvertrag ausdrücklich die Haltung von Hunden genehmigt ist, oder man legt sich ein Eigentum zu – mit Garten, versteht sich. Möglichst nicht unbedingt mitten in der Stadt oder im Zentrum des Dorfes – Konflikte mit Anwohnern und Nachbarn sind sonst eventuell an der Tagesordnung. Nicht jeder hat Verständnis für das Freudengeheul der Meute, wenn man abends spät nach Hause kommt...! Auch ein ausgelassenes Spiel im Garten stört die Anlieger im Liegestuhl nebenan immens – Freunde schafft man sich da nicht. Im Gegenteil – die Beschwerden häufen sich und man gerät unter einigen Stress.

Daher eignet sich eine Randlage für die Wahl des Hauses einfach am besten – tunlichst ohne empfindliche Nachbarschaft. Meistens entschließt man sich letztendlich für einen abgelegenen Bauernhof oder ein einsames Haus im Wald. Bellfreudige Rudel sind mit Sack und Pack auch schon in Bereiche von Gewerbezonen gezogen, weil dort eben niemand gestört wird – aber ist das eine zufriedenstellende Wohnsituation? Will man wirklich sein Leben lang nur auf Container und abgestellte Laster blicken, oder in der Nachbarschaft Bars und rote Nachtclubs haben?

Es hat nun mal nicht jeder die finanziellen Möglichkeiten, an einem idyllischen Ort so zu bauen, dass es im Umfeld tatsächlich niemanden gibt, den das Rudelleben stört.

Hinzu kommt, dass die Alleinlage eines Hauses in der Regel keine Bushaltestelle vor der Haustüre hat – Autos (und Führerschein) sind also notwendig, vor allem dann, wenn permanent Chauffeurdienste für die Kinder zu erledigen sind... Auch ist einzukalkulieren, dass in schneereichen Wintern die Räumpflicht der Wege zu abgelegenen Höfen für den allgemeinen Räumdienst der Gemeinden nicht obligatorisch ist – gute Kontakte zu Bauern mit Traktoren sollten daher gepflegt werden!

Von einer normalen Etagenwohnung muss man sich in der Regel sowieso verabschieden, weil meistens der Platzbedarf für mehrere Hunde größer ist als 80 Quadratmeter.

Einerseits muss die Bewegungsfreiheit zur hundetypischen Kommunikation gewährleistet sein, andererseits für ungestörte Rückzugsmöglichkeiten gesorgt werden. Wobei die Größe der Hunde natürlich eine Rolle spielt - aber auch deren Rassenzugehörigkeit ist zu beachten. Ein rudelfreudiger »Beagle« beispielsweise benötigt für sein Wohlempfinden weit weniger Individualdistanz zu seinen Hausgenossen als etwa ein Einzelgänger wie der »Pyrenäenberghund«.

Auch eine ausreichende Fläche für die Schlafzone ist einzukalkulieren. Normalerweise reicht ein Abstand von etwa ein bis zwei Meter aus – aber auch in diesem Punkt gilt es, die Vorlieben einiger Hunderassen zu bedenken. Grundsätzlich sind Herdenschutzhunde, wie zum Beispiel ein »Kuvasz« einfach anspruchsvoller, was das Platzvolumen angeht, als vielleicht ein »Labrador«. An eine Faustregel kann man sich da leider nicht halten, weil dieses Bedürfnis vom individuellen Charakter des jeweiligen Hundes abhängig ist. Je länger sich Hunde kennen und verstehen, desto geringer ist meistens ihr Bedürfnis nach Abstand zum Artgenossen. Besonders in der ersten Eingewöhnungsphase – die sich über Monate hinziehen kann – lieben es die Alteingesessenen nicht besonders, wenn der Neuling in ihren ureigensten Gefilden zu aufdringlich wird. Dies gilt insbesondere für einen neuen Welpen, der anfangs den Körperkontakt zu seinesgleichen regelrecht sucht, aber in der ersten Phase normalerweise nicht vom Ersthund an dessen eigenem Liege- oder Schlafplatz geduldet wird. Hier muss die Bezugsperson regulierend eingreifen, indem entweder der Schlafplatz des Ersthundes erhöht, oder so abgeteilt hergerichtet wird, dass der Welpe diese »heilige« Fläche einfach nicht erreichen kann.

Die herkömmliche Ausstattung einer Mietwohnung eignet sich nicht für eine Rudelhaltung. Hält man die Tiere im Hausinneren, dann muss man eben auch einkalkulieren, dass sich verschiedene Materialien auf Fußböden und an Wänden nicht unbedingt mit dem Bewegungsbedürfnis und den Verhaltensvorlieben der lebendigen Hausgenossen vertragen – Parkettfußböden und weiß gekalkte Wände verwandeln sich im Laufe der Zeit in ein unansehnliches Dekor, das durch scharfe Krallen und verschmutztes Fell seine besondere Note erhalten hat. Daher ist bei Renovierung oder Neubau der neuen Unterkunft unbedingt auf eine möglichst stabile, funktionale und putzfreundliche Materialauswahl zu achten, damit sich der Reinigungsaufwand in Grenzen hält.

Sehr zu empfehlen ist in diesem Zusammenhang eine Art »Waschanlage«, die vor dem eigentlichen Eingangsbereich liegen sollte – ein kleiner überdachter Vorbau oder ein entsprechender Vorraum, der es ermöglicht, die Hunde bequem im Trockenen zu säubern, abzutrocknen und sich ausschütteln zu lassen.

Neben dem Platz zum Toben – die meisten Hunde warten nicht brav und geduldig nebeneinander auf den nächsten Spaziergang – ist auch genügend Platz zum Ruhen und Schlafen notwendig. Zwar kann man zeitweise beobachten, dass sich mehrere Hunde auch mal aneinander legen und »Kontaktliegen« auch im erwachsenen Stadium stattfindet – aber dieser enge Körperkontakt findet meistens eher bei Welpen oder Junghunden statt. Ausgewachsene Hunde legen, wie bereits erwähnt, in der Regel Wert auf eine gewisse Individualdistanz – das bedeutet ausreichend Abstand zwischen den Ruhe- und Schlafstellen zu schaffen. Außerdem neigen viele Hunde dazu, nicht immer auf ein und der selben Stelle zu liegen, sondern eine Art Wander-

Alaskan Malamute und Grönländer

schaft setzt gelegentlich ein, um andere Plätze aufzusuchen als die ursprünglich vorgesehenen. Diese Plätze befinden sich häufig auf erhöhten und weichen Gegenständen – dem Sofa, dem Sessel, dem Bett. Von teuren Designermodellen mit kostspieligen Bezügen ist daher besser abzusehen!

Wer es vorzieht, zwar in einem Raum mit seinen Hunden zu schlafen, aber sein eigenes Bett ungestört benutzen will, dem ist ein Hochbett zu empfehlen, das von den Hunden nicht erreicht werden kann. Eine durchgehende Nachtruhe ist damit eher gewährleistet, als wenn zwei bis vier Exemplare mit kalten Nasen mitten in der Nacht um die besten Plätze rangeln. Man selbst braucht seine eigene »Individualdistanz« ja gelegentlich auch.

Des Weiteren gilt zu beachten, dass die Fressplätze ebenfalls einigen Raumbedarf benötigen – in einer engen Küche lassen sich drei ausgewachsene Hunde schlecht versorgen. Ausreichender Abstand zwischen den Futternäpfen muss vorhanden sein. Nur wenige Hunde, selbst wenn sie sonst die dicksten Freunde sind, lassen den Kumpel an die zugeteilte und eigene »Beute« heran. Dagegen wird knurrend Protest eingelegt – und schon herrscht ungesunde Unruhe beim Fressen, die eigentlich unbedingt vermieden werden sollte.

Wenn das Hunderudel nur teilweise oder gar nicht im Haus gehalten werden soll, wie dies bei vielen Schlittenhunden der Fall ist, dann wird der Aufbau einer weitläufigen Zwingeranlage notwendig.

Ein großes Grundstück mit Garten am Haus ist daher unverzichtbar – und auch für eine Einzäunung müsste in jedem Falle gesorgt werden. Abgesehen von den Kosten fällt für die Aufrichtung des Zaunmaterials einiges an Arbeit an, auch hierfür ist eine durchdachte Planung nötig.

Im Zuge der deutschen Gefahrenhundeverordnung, dem örtlichen Leinen- und eventuellen Maulkorbzwang ist darauf zu achten, dass sich ein Rudel nicht einfach selbstständig auf den Straßen bewegen kann. Dafür hat heute kaum noch jemand Verständnis. Man macht sich teilweise sogar strafbar! Und nicht auszudenken, was tatsächlich heute alles passieren könnte... Der Anblick mehrerer erwachsener Hunde, gleich welcher Rasse, erweckt bei vielen Menschen zumindest ein gewisses

Unbehagen und provoziert spontane und unüberlegte Handlungen. Manchmal auf beiden Seiten.

Als weitere bauliche Notwendigkeit sind eine größere Garage und ausreichende Abstellmöglichkeiten einzuplanen. Die Gefährte, in denen mehrere Hunde untergebracht werden müssen, nehmen unter Umständen größere Ausmaße an – ein kleiner Pkw neben einem umgebauten Campingbus mit einigen Hundeboxen darin, sowie eventuelle Schlitten oder sonstiges Freizeitzubehör benötigen eine entsprechende Raumkapazität.

Die Frage nach den ***Transportmöglichkeiten*** stellt sich zwangsläufig mit der wachsenden Zahl der Rudelmitglieder.

Zwei kleinere Hunde lassen sich in einem Kleinwagen gut unterbringen – aber was passiert, wenn man die Kinder zusätzlich transportieren muss oder gar der Urlaub ansteht? Für all diejenigen, die mit zwei Kindern und zwei Hunden, sowie dem gesamten Urlaubsgepäck bequem in einem Auto verreisen wollen, kommt sowieso nur ein busähnliches Gefährt infrage – mit Dachgepäckträger und Ladebox, versteht sich.

Handelt es sich aber um mehr als zwei größere Hunde, dann wird die Suche nach einem geeigneten Vehikel erheblich schwieriger. Oftmals werden Wohnmobile dann in fahrende Hundezwinger verwandelt oder Modelle von einigen Geländewagen mit Spezial-Aufbauten versehen – hinten kommt auch noch der Anhänger dran.

Im Handel sind mittlerweile allerlei Varianten von Einbauten für hundefreundliche Autos zu beziehen – mit dem nötigen Kleingeld und vorhandener Bastelveranlagung kann jedes Automobil in eine individuelle Luxushundehütte verwandelt werden.

Aber nicht nur das Platzvolumen ist bei der Wahl des Transporters zu beachten: Der fahrende Hundezwinger muss in Zeiten steigender Hitzerekorde über eine Klimaanlage verfügen, die Fenster müssen abgetönt und die aufgeklappten Türen durch Spezialsysteme besonders zu sichern sein. In schneereichen Regionen ist zudem eine Allradversion zu empfehlen.

Zu überlegen ist aber auch, inwieweit man auf ***öffentliche Verkehrsmittel*** angewiesen ist. Während man nur mit einem Hund an der Leine ohne viel Aufsehen in einem Bus oder der Bahn mitfahren kann, macht man sich mit zwei Hunden in Begleitung bei den Fahrgästen schon eher unbeliebt. Selbst wenn man in Zügen oder Gondeln für die Hunde bezahlt hat, so heißt das noch lange nicht, dass man ihnen auch gerne den nötigen Platz überlässt. Die Hunde müssen gerade im Gedränge einer dichten Menschenansammlung ausgesprochen wesensstark sein, um die Mischung aus Lärm und Enge, schwankenden Wagen und quietschenden Schiebetüren gelassen ertragen zu können.

Bewegt man sich aber mit mehr als drei Hunden im Verkehrsnetz einer größeren Stadt – dann ist es einfach fraglich, ob der Busfahrer das Rudel an der Haltestelle überhaupt mitnimmt, oder der Taxifahrer bereit ist, seine saubere Rückbank zu strapazieren. Auch in dem Gedränge einer U- oder S-Bahn ist es abzuklären, inwieweit ein problemloser Transport der vierbeinigen Passagiere möglich ist und überhaupt geduldet wird.

Die Urlaubszeit stellt manchen Hundehalter nicht nur vor das Transportproblem, sondern es erhebt sich auch die Frage: Wohin? Preiswerte Pauschalangebote mit dem Flieger ans Meer sind passé – auch organisierte Erlebnisreisen in ferne Länder gehören der Vergangenheit an.

Bei der Auswahl der möglichen Urlaubsziele ist es nun ratsam, besonders auf die Einreisebestimmungen für Hunde zu achten, die von Land zu Land verschieden sein können. Stimmen die Impfungen und sind befristete Daten auch nicht abgelaufen?

Darüber hinaus sollte man sich über die Vorschriften (z.B. Leinenzwang) und Gepflogenheiten im Umgang mit Hunden in anderen Länder informieren – beispielsweise ist es in der Schweiz für jeden Hundehalter üblich, die Hinterlassenschaften seiner Vierbeiner direkt mit Plastiktütchen einzusammeln – dem »Robi-Dog« – und in die dafür vorgesehenen Abfallbehälter zu entsorgen. Eine beispielhafte und nachahmenswerte Vorgehensweise!

Viele internationale Unterkünfte verschiedenster Kategorien haben sich zwar schon auf einen Hundegast eingestellt, aber gleich mit mehreren Reisenden auf Pfoten wird es einfach schwieriger, in Gasthäusern oder Hotels unterzukommen. Zwar hat man insbesondere in der Schweiz und in Österreich oder auch in den skandinavischen Ländern längst die Marktlücke erkannt – aber zu einem hundefreundlichen Hotelbesitzer gehören auch verständnisvolle Gäste, denen nicht beim Anblick von zwei Hunden am Nachbartisch der Appetit vergeht und die eilig Reißaus nehmen... Abgesehen davon, dass mit gut erzogenen Hunden ein Hotelbesuch überhaupt

keinen Anlass zu Reklamationen geben muss, setzt man sich dennoch einer äußerst kritischen Beobachtung der Allgemeinheit aus.

Erfahrungsgemäß lebt es sich mit seinem Rudel zu Urlaubszeiten am besten in einer großen, ebenerdigen Ferienwohnung oder einem Häuschen mit hundegerechtem Gartengelände. Es haben sich mittlerweile einige Veranstalter darauf spezialisiert, entsprechende Angebote in Zeitungsanzeigen und im Internet zu offerieren.

Auch einige Campingplätze haben den Bedarf erkannt und geben die Möglichkeit der Mitnahme von Hunden in den Campingführern an. Meistens ist es auf den Plätzen aber so geregelt, dass die Hunde nicht frei laufen dürfen und den direkten Bereich um das Zelt oder den Wohnwagen herum nicht verlassen dürfen. Erst an den ausgewiesenen Badestränden, See- oder Meeresufern ist ein freies Laufen mit den Hunden erlaubt.

Wer nun meint, gar nicht mit seinen Hunden verreisen zu können oder zu wollen, der kann auch einen Service in Anspruch nehmen, der sozusagen hundeerfahrene Betreuer vermittelt, die dann während der Ferienzeit der Besitzer Haus und Hunde hütet und versorgt – gegen entsprechende Bezahlung natürlich.

Oder es besteht die Möglichkeit, seine Hunde in eine Ferienpension zu bringen, deren Betreuer/innen sich meistens mittlerweile schon auf eine Rudelhaltung in mehreren Gruppen spezialisiert haben. Sind die eigenen und die fremden Hunde sozialverträglich, dürfte das keine ernsteren Auseinandersetzungen geben. Im Gegenteil, in guten Hundepensionen mit abwechslungsreichem Erlebnisprogramm (gemeinsam baden gehen etc.) haben sich schon erstaunlich dicke Ferienbekanntschaften unter den speziellen Gästen entwickelt...!

Die finanzielle Situation ist ein entscheidendes Kriterium, will man auf Dauer durch die Haltung mehrerer Hunde nicht in einen wirtschaftlichen Engpass geraten.

Damit sind nicht in erster Linie die Kosten für die Anschaffung der Hunde gemeint, sondern vor allem die Summierung der Ausgaben zur Herrichtung der geschilderten räumlichen Bedingungen, will man denn ein hundefreundliches Ambiente für seine Rudel gestalten.

Die Haltungskosten setzen sich zusammen aus folgenden Details:

- Die Tierarztkosten, angefangen von Impfungen bis Wurmkuren, über kleinere Wundversorgungen bis hin zu Operationen wie Kastrationen etc. Richtig teuer wird es, wenn Allergien oder chronische Krankheiten auftreten... Alle Medikamente oder Spezialfuttermittel müssen bar bezahlt werden!
- Die Hundesteuer – je nach Gemeindeverordnung beträgt die zu zahlende Hundesteuer für den im Haushalt lebenden zweiten Hund den doppelten Betrag wie für den ersten Hund. Für den dritten Hund wird ebenfalls erhöht – es sei denn, es handelt sich um Sondergenehmigungen, die laut Rasse und Lage der Unterkunft beispielsweise auf einen oder mehrere »Hofhunde« schließen lassen. Bei Schlittenhunden lohnt sich ein Gespräch mit dem Bürgermeister oder dem Gemeinderat, inwieweit sich Schlittenfahrten touristisch einsetzen lassen, um damit auch von der Hundesteuer – zumindest teilweise – befreit werden zu können.
- Die Versicherungen sind gerade für die Rudelhaltung korrekt abzuschließen und vor allem in ausreichender Höhe! Meistens wird die Pauschale zu niedrig abgeschlossen – Unfälle mit Menschen oder Autos können in die Millionen gehen. Eine Haftpflichtversicherung für jeden Hund sollte selbstverständlich sein. Eine Deckungssumme von jeweils fünf Millionen Euro ist nicht zu viel! Die berechtig-

ten Forderungen massiv geschädigter Unfallopfer können horrende Summen verschlingen. Dies gilt ebenso für gravierende Sachschäden. Im Übrigen ist davon auszugehen, dass bei schwerwiegenden Vorfällen die Versicherungsvertreter sehr dezidiert die rechtlichen Zusammenhänge in einem Schadensfall untersuchen – insbesondere nach den Vorfällen verschiedener Kindestötungen durch Meuteagressionen.

- Ein Verhaltenstest – oder gar mehrere – kosten ebenfalls Gebühren, falls die Rassenvertreter im eigenen Rudel den jeweiligen »Listenhunden« der verschiedenen Bundesländer angehören. Weil sie demnach als »potenziell gefährlich« gelten und deswegen entweder dem Leinen- oder Maulkorbzwang unterliegen sollen, wird ein solcher Test seitens der Behörden vorgeschrieben. Will man die Befreiung von dieser Verordnung erreichen, muss ein entsprechendes Testverfahren, meistens in einer Hundeschule – auf eigene Kosten – durchgeführt werden.
- Das Equipment an Halsbändern, Leinen, Führseilen und Haltis ist kostenmäßig nicht zu unterschätzen. Kommen dann noch Spezialausrüstungen, wie Springer am Fahrrad, Bauchgurte zum Umschnallen, Rucksäcke und Packtaschen, Schlittenmodelle für alle Schneeverhältnisse, sowie Sacco-Carts und Sommerwagen dazu, dann summiert sich im Laufe der Zeit einiges an Kosten.
- Die Futterschüsseln für alle Lebenslagen (Edelstahl oder faltbares Kunststoffmaterial), die Leckerlis, getrockneter Pansen und Schweineohren und natürlich die täglichen Futterrationen – für mehrere Hunde kann das ganz schöne Löcher in den Geldbeutel reißen.
- Die eigene Ausrüstung – das individuelle »Outfit« – gehört heute zur Hundehaltung genauso dazu, wie zum Fußballspielen oder Skifahren. Vom Aufkleber bis zum Styling fürs Auto, vom ausgefallenen Leinendekor bis zur Marken-Stirnlampe, von der Jacke bis zur Hose – Jack Wolfskin lässt grüßen. Eine andauernde Modewelle hat auch die Rudelhaltung erfasst – selbst wer »nur« mit seinen Hunden durch Wald und Wiesen streifen will, entsprechende witterungsfeste Kleidung für alle Jahreszeiten kostet auch ihren Teil.
- Für die eigene Fort- und Weiterbildung – mit oder ohne Hunde – fallen Teilnehmergebühren an. Für längere Kurse oder auch die Teilnahme an Veranstaltungen und Wettkämpfen kann man ebenfalls leicht einige Euros los werden.
- Die eingangs aufgeführten wohnlichen und baulichen Veränderungen, die Anschaffung eines speziellen Autos, die Hundeboxen und Zwingeranlagen haben schon manchen Hundefreund in finanzielle Abhängigkeiten getrieben, von denen er sich so schnell nicht wieder erholt hat!

Wer also sich, seiner Beziehung, seiner Familie und seinem Hunderudel auf Dauer eine wirtschaftlich sichere Existenz gewährleisten möchte, der sollte all die aufgeführten Aspekte sorgsam studieren und in Ruhe überlegen, inwieweit und in welchem Ausmaß die Haltung mehrerer Hunde auch längerfristig halbwegs sicher und überschaubar zu finanzieren ist.

Vergessen Sie nicht: Als eine zentrale Aufgabe des anerkannten Rudelführers wird von den anderen Rudelmitgliedern die Sicherung der allgemeinen Ressourcen erwartet!

Verhaltenseigenschaften der Bezugsperson

Nicht nur auf seine physischen Voraussetzungen sollte man achten, wenn man sich mit dem Gedanken beschäftigt, das bestehende Rudel zu vergrößern – auch die psychischen Eigenschaften spielen eine nicht unerhebliche Rolle, will man mit mehreren Hunden und seiner Umwelt in Harmonie zusammenleben.

Zwar ist eine kräftige und sportliche Statur nicht alleine ausschlaggebend, um mit mehreren Hunden an der Leine zurechtzukommen, aber es sollte überdacht werden, inwieweit man selbst einem Körpereinsatz von nur zwei mittelschweren Hunden gewachsen ist, wenn diese angeleint hinter einer Katze her setzen wollen.

Viel entscheidender ist allerdings, mit welchen Persönlichkeitsmerkmalen ein angehender Rudelhalter ausgestattet ist. Natürlich sind Prägung, Erziehung und Ausbildung der bisherigen Rudelmitglieder sowie die Wesenszüge des Neuzugangs eine grundlegende Basis für ein zufriedenes Miteinander - aber auch einige persönliche, charakteristische Verhaltensweisen sind für den Umgang mit mehreren Hunden als vorteilhaft anzusehen.

In den meisten täglichen Situationen haben sich die folgenden Merkmale der Persönlichkeitsstruktur als hilfreich erwiesen:

- Durchsetzungsfähigkeit
- Zuverlässigkeit
- Ausgeglichenheit
- Bodenständigkeit
- Umsichtigkeit

- Überlegtheit der Handlung
- Fähigkeit zur Selbstkritik
- Reflektionsfähigkeit
- Lernwille
- Offenheit für Neues
- Kontaktfreudigkeit
- Sich nicht leicht aus der Fassung bringen lassen
- Reaktionsschnelligkeit

Jemand, der eher ein ängstlicher und zweifelnder Typ ist, sich nicht gerne auseinandersetzt und jedem Streit aus dem Wege geht, der vielleicht auch noch labil veranlagt ist und mit Depressionen zu kämpfen hat – für denjenigen ist es ratsam, von dem Gedanken an die Haltung eines Rudels besser Abstand zu nehmen. Und zwar in seinem eigenen Interesse und in dem der Hunde. Menschen, die sich gerne von ihrer Umwelt zurückziehen, die eher mit dem Leben hadern und für sich und andere nur negative Lebensperspektiven entwickeln – die sollten wirklich nur bei einem Hund in ihrer Umgebung bleiben. Auch ständig unausgeglichene und aggressive Typen, die ihre Mitmenschen mehr tyrannisieren als wertschätzen, sollten die Idee einer Rudelhaltung lieber aufgeben – denn jede Stimmungslage wird vom Rudel registriert und überträgt sich automatisch auf das Verhalten der Hunde! Einem nervigen Hunderudel, das von einem unausgeglichenen Menschen angeführt wird, ist mit aller Vorsicht zu begegnen – und zwar unabhängig von der Rasse!

Ein alter Leitsatz hat bis heute seine Bedeutung erhalten. »Im Wesen des Hundes spiegelt sich auch immer die soziale Kompetenz seines Menschen!«

Kapitel IV
DIE AUSWAHL DES NEUEN HUNDES

Bevor die Entscheidung für einen weiteren Hund fällt, sollte man sich fragen, weshalb eigentlich ein zusätzlicher Hausgenosse einziehen soll und was man von diesem vierbeinigen Neuzugang erwartet. Was will man mit seinem vergrößerten Hunderudel überhaupt machen?

Von der Beantwortung dieser Fragen alleine hängt schon sehr stark ab, nach welchen »Typ Hund« man suchen sollte. Es ist nicht nur ausschlaggebend, welche Voraussetzungen der neue Begleiter mitbringt, sondern vielmehr ist zunächst abzuklären: Was will ich von meinem zusätzlichen Hund?

Vorstellung und Realität

Viele der Probleme, die sich im Umgang mit Hunden ergeben, entwickeln sich aus einem Fehlverhalten des Besitzers beziehungsweise aus dessen unrealistischer Erwartungshaltung. Die Vorstellungen vom Leben mit mehreren Hunden gehen manchmal zunächst hart an den Realitäten vorbei. Daher ist eine wohl überlegte und ehrliche Analyse, weshalb man sich für einen bestimmten Hund als weiteres Familienmitglied entscheiden will, der erste Schritt zum Glück zu dritt oder viert.

Es ist nicht ausschließlich die Frage nach der Rasse oder nach dem Geschlecht des zusätzlichen Hundes zu stellen – den Focus nur auf diese einzelnen Details zu richten, wäre unzureichend und fatal!

Denn jeder Hund ist ein Individuum, seine Persönlichkeit entwickelt sich aus einer Vielzahl von Komponenten und einer Reihe von Begleitumständen seiner Ent-wicklung. Die Beziehung und Bindung zu seiner neuen menschlichen Bezugsperson hat weiteren Einfluss auf seine individuellen Verhaltensweisen, deren Qualität durch die Wechselwirkung zwischen den beiden geprägt sein wird.

Und da sind ja noch die neuen Kumpane – auch die Begegnung und Auseinandersetzung mit den Artgenossen wirkt sich auf das individuelle Verhalten des Neuzugangs aus.

Um es vorweg zu nehmen: Eine einfache Formel mit Erfolgsgarantie, welcher Hundetyp in ein bestehendes Rudel aufgenommen werden sollte, damit keine Schwierigkeiten auftreten und von Anfang an glückselige Harmonie herrscht, die gibt es nicht! Ein Hunderudel – das ist eine gemeinschaftliche Gruppe, die sich erst langsam in ihrem sozialen Gefüge entwickelt und in der Auseinandersetzungen bis zu einem gewissen Grad dazu gehören.

Es existiert nicht eine einzige wissenschaftlich fundierte Untersuchung, die im

Einzelnen darüber Aufschluss gibt, unter welchen Voraussetzungen und Bedingungen eine Zusammenführung von verschiedenen Hunden in ein Rudel optimal durchgeführt werden könnte. Allerdings gibt es jede Menge Umfragen in Hundemagazinen, deren Ergebnisse jedoch meistens mehr als zufällig zustande kamen, weil sie unter keinen ernst zu nehmenden statistischen Bedingungen aufgebaut wurden. Leider sind sie daher nicht aussagekräftig genug, die gewonnenen Erkenntnisse beruhen überwiegend auf dem Zufallsprinzip. Hinzu kommt, dass die Interpretationen der erfassten Daten ausgesprochen subjektiv sein können. Insofern sind vage Aussagen mit Vorsicht zu genießen.

Analyse der eigenen Situation

Viele verschiedene Faktoren sind zu beachten, will man eine möglichst erfolgversprechende Entscheidung für alle Beteiligten treffen.

- Zunächst sollte sich der Blick auf den bisher einzelnen Hund zuhause richten und sein ***Verhalten*** zu anderen Kameraden.
  Wie verhält er sich bei der Begegnung mit anderen Hunden – ist er sozialverträglich? Kann er sich leicht in eine Hundegruppe einfügen? Läuft er freudig auf andere Hunde zu?
  Wie spielt er während der Spaziergänge mit seinen Kumpels – geht er auf die Körpersprache seiner Artgenossen ein? Oder weiß er am Ende mit den spielerischen Angriffen gar nichts anzufangen und reagiert ängstlich?
  Versteht er die Beschwichtigungssignale seiner Artgenossen und setzt er sie auch selbst ein?

Welche Rolle spielt er in seinem Freundesrudel draußen – ist er der ewige Verlierer oder eher der dominante Champion? Wechselt er die Rollen eventuell immer wieder oder versucht er sich permanent durchzusetzen?
Ist er eventuell schon mehrmals in einer Hundegruppe »gemobbt« worden oder unterlag er einer Meuteaggression? Hat er sich davon erholt, oder möchte er beim Anblick anderer Hunde am liebsten weglaufen?
Oder ist er generell aggressiv geworden gegenüber den anderen Artgenossen?
Wie benimmt er sich bei Besuchen von fremden oder befreundeten Hunden im eigenen Revier – Haus oder Garten? Selbst eine dicke Hundefreundschaft im Gelände ist längst nicht dieselbe, wenn einer das Revier des anderen betritt – oder sich gar an den Futtertrog des Revierinhabers traut.

- Wie gestaltet sich die ***Beziehung*** zwischen dem Einzelhund und seinem Halter?
  Ist die Bindung sehr eng, beziehungsweise ist der Hund auf Frauchen oder Herrchen stark fixiert?
  Vielleicht hat er sich sogar zu einem besonders dominanten Hund entwickelt, der es jahrelang gewohnt war, spezielle Privilegien zu genießen – die ihm mit Einzug eines »Rivalen« nun eventuell streitig gemacht werden könnten?
  Sind vielleicht die beiden engen Freundinnen viel lieber unter sich – eine wird von Frauchen gestreichelt und verwöhnt, die andere von Herrchen? Welche Hand steht für die Dritte im Bunde zur Verfügung?
  Ist das vertraute Hundepaar vielleicht glücklich und zufrieden, wenn er links, sie rechts von Herrchen oder Frauchen schlafen darf – wo soll denn der Dritte hin?
  Sind die drei mit ihrem Frauchen vielleicht ein tolles Team – was will der fremde Vierte im selbstbewussten Trio? Will er die heimischen Kreise stören und die eingespielte Rudelordnung in Frage stellen? Und wieso befasst sich Herrchen mehr mit dem Neuen, als mit uns Alteingesessenen – alles Fragen, die gestellt werden könnten.
  Aber in der Hundesprache – und die ist meistens klar und deutlich.
- Wie alt sind die Hunde? Und sind sie ***gesund?***
  Einem alternden Hund, der vielleicht schon einige Krankheitserscheinungen zeigt wie beispielsweise Verlust der Sehkraft, verminderte Lauffreudigkeit, Fressstörungen und mangelnde Funktion des Verdauungstraktes – der viel lieber gemütlich auf seinem Plätzchen verweilt und ab und zu gemächlich Gassi gehen möchte, dem sollte man wirklich einen weiteren »Spielkameraden« ersparen. Er würde ihn nicht als Bereicherung, sondern nur als Belastung und überflüssige Quälerei empfinden. Wobei sich diese Entscheidung nicht an der Alterszahl an sich fest macht. Es lässt sich nicht generell sagen, dass ein Hund mit zehn Jahren ein Senior ist – das hängt davon ab, wie groß er ist, welchen Lebensbedingungen er

ausgesetzt war und welche körperliche Kondition er hat. Ein zehnjähriger Bernhardiner kann ein absolut alter »Opa« sein, ein gleich alter Sheltie dagegen ein fitter »Frührentner«.

Auch für den neuen Mitbewohner wäre der abweisende Althund eher eine Strafe als eine Freude. Seine ständigen Spielaufforderungen würden ignoriert oder rüde abgewiesen – wenn nicht sogar durch eine Beißerei unterstrichen. Oder aber der ältere Alteingesessene dominiert den jüngeren Kameraden so sehr, dass dieser Verhaltensstörungen und gesundheitliche Reaktionen zeigt – daher sollten die Umgangsweisen vom Halter anfangs unter sorgfältiger Beobachtung und klarer Führung stehen. Der Ältere darf nicht vernachlässigt, der Jüngere muss gefördert werden.

Hat der alternde Hund noch keine Gebrechen, kann die Aufnahme eines jungen Hundes geradezu als Jungbrunnen wirken, sofern der Althund nicht zu sehr auf seinen Herrn allein fixiert ist.

- Das ***Alter*** spielt auch eine entscheidende Rolle, wenn es darum geht, zu welchem ***Zeitpunkt*** ein weiterer Hund integriert werden soll.

Erst wenn der erste Hund seine Entwicklung, Erziehung und Ausbildung gut abgeschlossen hat, wenn er vor allem aus dem so genannten »Flegelalter« heraus ist, und vielleicht mit etwa drei bis vier Jahren seine Persönlichkeit gefestigt ist und seine Verhaltensweisen einschätzbar und kontrollierbar sind – erst dann ist zu einem weiteren Hund zu raten. Denn der erwachsene Hund sollte für den Junghund ein Vorbild sein – er sollte Grenzen setzen können, die vom jungen Zuwachs auch akzeptiert werden.

Dieselben Argumente gelten für die Integration eines dritten oder vierten Hundes – es ist generell ratsam, erst im Abstand von rund zwei bis drei Jahren weiteren Zuwachs zu planen, falls es sich um Welpen oder Junghunde handelt.

Auch wenn ein erwachsener Hund einem jungen Ersthund zugeführt werden soll, ist zu empfehlen, die Entwicklungszeit des Junghundes bis mindestens etwa zweijährig abzuwarten. Dieser braucht bis zu diesem Alter noch die volle Zuwendung seiner Bezugsperson. Falls der ältere Zuwachs in irgendeiner Form Verhaltensstörungen aufweist, ist man

doppelt und dreifach als erziehender Rudelchef gefordert – oder überfordert. In einer solchen Konstellation ist die Gefahr, dass der neue Mitbewohner mit dem bisherigen jüngeren Einzelhund Rangordnungskämpfe ausführt und ihn vielleicht dominieren will, besonders hoch. Insbesondere dann, wenn der Jüngere noch in den Flegeljahren ist.

Eigentlich sollte ein zweiter Hund seinem jüngeren und unerfahreneren Artgenossen sowohl Spielkamerad, als auch Lehrmeister sein – umso mehr ist auf ein gefestigtes Wesen beim älteren Hund zu achten.

Die Auswahlkriterien:

- Die ***Größe*** der Hunde und ihre ***Körpermerkmale*** sind für eine Zusammenführung von nicht unerheblicher Bedeutung.

  Ein großer Hund, auch wenn er nicht allzu kräftig sein sollte, stellt für den kleineren und schmächtigeren Spielgefährten immer eine Verletzungsgefahr dar. Beim Herumtoben reicht ein kräftiges Anrempeln oder ein Schlag mit der Pfote – und der Kleine kann einen Wirbelsäulenschaden davontragen. Durch dieses Risiko werden beide, vom Halter verstärkt, davon abgehalten, die Möglichkeiten eines gemeinsamen Spieles, was für die arttypische Verständigung untereinander von hoher Bedeutung ist und vor allem auch die Rollenverteilung klären soll, voll auszuschöpfen.

  Auch sind beim Spielen miteinander die Chancen schlecht verteilt. Denn wenn der Große das Spielzeug einfach wegschleppt, besteht für den Kleinen keine Möglichkeit mehr, sich einzubringen – gemeinsames Zerren an der »Beute« oder faire Wettläufe um die Trophäe sind einfach nicht umzusetzen.

  Besonders schwer hat es ein großer Hund, der als Welpe einem oder mehreren kleine-

ren Hunden zugeführt wird, beispielsweise eine junge Dogge zu ausgewachsenen Möpsen. Sie ist nicht in der Lage, ihrem Bedürfnis nach vollem körperlichen Einsatz beim Spielen nachkommen zu dürfen - die Winzlinge können einfach nicht mithalten. Selbst wenn die Bezugsperson meint, durch verstärkte spielerische Zuwendung dieses mangelnde Bedürfnis auffangen zu können – die Spielqualität und die Motivation im Spiel mit einem Menschen ist kein Ersatz für arttypische Spielvarianten.

Für den riesigen Hund kann die eingeschränkte Spielmöglichkeit Verhaltensstörungen mitbringen, die erst viel später aufzutreten brauchen, und deren Ursache sich dann keiner mehr erklären kann.

Daher scheint es sinnvoll, bei der Auswahl des weiteren Hundes auf eine Körpergröße zu achten, die zu den restlichen Rudelmitgliedern passt.

- ***Andere Körpermerkmale*** spielen ebenfalls eine nicht unerhebliche Rolle, will man verschiedene Hunde leichter aneinander gewöhnen. Die individuelle Sprache eines jeden Hundes orientiert sich auch an den Körpersignalen, die er seinem Gegenüber sendet. Die Auswirkungen durch die Betonung von Zuchtmerkmalen bei bestimmten Rassen, beispielsweise der »typische« Gesichtsausdruck einer »Englischen Bulldogge« oder eines chinesischen »Shar Pei«, dem so genannten Faltenhund, haben bei einigen Hunden dazu geführt, dass sie durch ihre Mimik entweder falsche oder unverständliche Signale an ihren Artgenossen aussenden. Die Körpersprache wird dadurch zwischen den verschiedenen Rassenvertretern erheblich gestört und kann zu unkontrollierten Reaktionen bei den anderen Gefährten führen.

  Wer weiß, welche hohe Wertstellung in der Verständigung unter Hunden beispielsweise der Blickkontakt hat, der wird beobachten können, dass Exemplare,

deren Augen zu schmalen Schlitzen verkümmert sind oder deren Augenausdruck durch allzu starken Haaransatz um die Augenlider herum stark eingeschränkt wird, in ihrer Körpersprache gegenüber anderen Gefährten benachteiligt sind.
Auch ist die veränderte Form der Ohren, die je nach Stimmung eine deutliche Botschaft der Freundschaft oder Feindschaft senden können, eine erhebliche Einschränkung des Repertoires an Signalen. Oder aber die verkümmerte Rute, die durch Wedeln oder Einkneifen offensichtliche Gefühlsregungen anzeigen kann und als Stimmungsbarometer gilt – alle diese Verstümmelungen des Hundekörpers haben zum Teil erheblichen Einfluss auf massive Verständigungsschwierigkeiten unter Hunden.
Schon auf weite Distanz registrieren Hunde an ihrem Gegenüber, mit wem sie es zu tun haben werden – und entscheiden sich für eine bestimmte Strategie der eigenen Reaktion. Haben Hunde also die Möglichkeit zu einer deutlichen Verständigung über ihre Körpersignale, ist die Harmonie unter Gleichgesinnten wesentlich entspannter, man »redet und antwortet« in klaren und verständlichen Vokabeln. Zum Beispiel haben es – auf die Entfernung bezogen – ein »Hovawart« und ein »Münsterländer« einfacher in der Kommunikation untereinander, als etwa ein »Bobtail« und ein »Boxer«, deren Körpermerkmale, Gestik und Mimik nicht so eindeutig zu interpretieren sind.

- Weitere ***körperliche Besonderheiten*** können bei manchen Rassevertretern ebenfalls untereinander für Verwirrung sorgen und unbeabsichtigte Unruhe aufkommen lassen.
  So können beispielsweise die Gangarten von verschiedenen Hunden recht unterschiedlich sein. Es gibt Hunde, die lediglich durch ihren angeborenen aufrechten, fast gestelzten Gang eine starke Dominanz aussenden, welche andere Typen durchaus zu Reaktionen reizen können, die für manchen Halter vielleicht nicht direkt erklärbar sind. Auch verunsichern manche Hunde allein durch ihre Gangart andere Artgenossen – zum Beispiel durch den so genannten Passgang. Vorwiegend bei größeren Hunden kommt diese Gangweise vor, etwa bei einem Barsoi, einem Deutschen Schäferhund oder einem Hovawart kann man diese Art der Bewegung beobachten, insbesondere beim Wechsel in den Trab.
  Das kann fremde, besonders kleinere, Hunde arg irritieren und sie setzen eventuell Beschwichtigungssignale ein oder zeigen ängstliche Reaktionen – für den neuen Besitzer gut zu wissen, weshalb Unruhe untereinander auftritt, und wie er sie vermeiden kann. Indem er nämlich frühzeitig seinen einzelnen Hund zu Welpenspielgruppen und in Junghundekurse mitnimmt – dort begegnen dem vielleicht eh schon unsicheren Hundetyp sämtliche Variationen an Gleichgesinnten unterschiedlichen Körperbaus und fremden Bewegungsabläufen.

- Das ***Temperament*** und die ***Bewegungsfreude*** unterschiedlicher Hunde sind ebenfalls zu berücksichtigen, wenn man ein harmonisches Rudel aufbauen möchte.
  Daher ist es umso entscheidender, die eigene Motivation zu hinterfragen, weswegen zu einem munteren Wegbegleiter noch ein zweiter oder dritter dazu kommen soll – die jeweiligen Temperamente summieren sich nämlich. Je mehr sie sind, desto stärker und schneller fühlen sie sich und motivieren sich in vielen Handlungsweisen oft gegenseitig. Nicht immer zur großen Freude des Rudelchefs!
  Ein »Hovawart« als Hof- und Wachhund ist sicherlich in der Regel etwas munterer als ein »Kuvasz«, der sich als Hirtenhund eher durch seine ruhige Überlegenheit auszeichnet. Ein »Cattle Dog« ist als Treibhund einfach quirliger als ein »Chow Chow«, der sich eher reserviert und zurückhaltender seiner Umwelt präsentiert.
  Während man einem »Airedale Terrier« nicht genug an Abwechslung bieten kann, ist ein »Neufundländer« mit weit weniger an aufregenden Aktionen zufrieden. Wenn ein »Labrador« vor Begeisterung fast ausflippen kann, bewegt sich ein »Komondor« doch eher gelassen durch die Welt. Und wenn ein »Jack Russell Terrier« fast nicht mehr zu bändigen ist, lässt sich ein »Pekingese« gemütlich auf dem Kissen nieder.
  Die ausgewogene Mischung von Temperamenten will also reiflich durchdacht sein, bevor man zum sportlichen Sklaven seiner Hunde wird oder – umgekehrt – zum ständigen Antreiber gemächlich trottender Gemüter avanciert.
- Auch das ***Spielverhalten*** wird durch rassespezifische Eigenheiten beeinflusst. Wer also Hunde mit unterschiedlichen Spielbedürfnissen kombiniert, erlebt als Bezugsperson im menschenbezogenen Spiel unter Umständen, dass ein Teil der Hunde gar nicht auf seine Kosten kommt – oder aber auf bestimmte Spielaufforderungen erst gar nicht reagiert.

So neigt ein Berner Sennenhund längst nicht so zu Bewegungsspielen, wie etwa ein Briard. Auf Suchspiele ist ein Deutscher Schäferhund regelrecht versessen, während ein Afghanischer Windhund überhaupt nicht versteht, was da eigentlich von ihm erwartet wird. Während ein Bobtail fast nichts mehr liebt als lustige Bringspiele, so wendet sich ein Dackel meistens desinteressiert ab. Geht es um Geschicklichkeitsspiele, kann man jedem Collie eine große Freude bereiten, aber ein Pyrenäenberghund langweilt sich dabei ziemlich. Dagegen sind Kraft- und Ausdauerspiele schon eher etwas für einen Setter als für einen Spitz.

Diese unterschiedlichen Spielbedürfnisse sind nicht zu unterschätzen, sind sie doch für den einzelnen Hund ganz typische Ausdrucksmöglichkeiten seiner ureigensten Bedürfnisse – daher sollten sie eher gefördert als unterdrückt werden. In der Zusammenstellung eines Rudels ist auf diesen Aspekt ebenfalls Rücksicht zu nehmen.

Allerdings sollte man sich darüber im Klaren sein, dass die jeweiligen Spielbedürfnisse auch verstärkt werden, je mehr Vertreter des einzelnen Typs zusammenkommen. Konkurrenzkämpfe sind da nicht auszuschließen – wer drei Hunden nur ein Stöckchen wirft, der braucht sich nicht zu wundern, wenn das Geschehen in einer Beißerei endet... Haben mehrere Exemplare vielleicht auch noch eine ausgeprägte Jagdpassion, dann werden Spaziergänge zu einer echten Herausforderung!

Wer also fünf Border Collies – ohne Schafherde – sein eigen nennt, der muss ein sehr kreativer Entertainer sein!

Wer sich mit zwei Retrievern und zwei Labradoren umgibt, sollte bei Spaziergängen immer und rund um die Uhr auf der Hut sein – die blitzartig startende Jagdmeute kann von fast nichts mehr gebremst werden!

Wer mit zwei Kuvasz und einem Maremmano unterwegs ist,

der sollte vorsorglich Wege in einer Gegend wählen, die nicht gerade als stark frequentiertes Naherholungsgebiet beliebt ist. Wenn nämlich permanent irgendwelche Spaziergänger mit Kindern an der Hand die »kuscheligen weißen Riesen« betatschen wollen, ist das für diese Hirtenhunde kein Vergnügen – eher eine ziemliche Zumutung. Auf ihr Bedürfnis nach Individualdistanz muss unbedingt Rücksicht genommen werden.

Festzuhalten ist, dass die Bewegungs- und Spielbedürfnisse eines Hundes dann umso weniger vom Menschen vorgegeben und gefördert werden müssen, je größer das Rudel ist – die Beschäftigung miteinander macht den Menschen als Spielpartner fast überflüssig.

Handelt es sich um Mischlinge, so ist es meistens möglich, anhand von wenigstens einem Elternteil, zu beurteilen, welche Veranlagungen der Neuzugang mit sich bringt – und man sollte vielleicht schon vor der Zusammenführung testen, wo die Vorlieben des Vierbeiners liegen, sofern es sich um ein erwachsenes Tier handelt. Aber »Wundertüten« können sie alle sein!

- Es gibt Hunde, deren ***Fähigkeit und Bereitschaft, in einem großen Rudel zu leben,*** mehr oder weniger ausgeprägt ist. Es gibt Rassenvertreter, die tendenziell dazu neigen, sich gerne in ein Rudel einbinden zu lassen, wie beispielsweise die Schlittenhunde oder einige Jagdhunde wie z.B. die Beagles – andere ziehen es eher vor, in kleineren Gruppen unter sich zu bleiben, wie beispielsweise die Hirtenhunde. Auch Hof- und Wachhunde neigen eher dazu, überschaubare Verhältnisse zu haben, während dagegen die Hütehunde möglichst viel (Hunde-) Leben um sich herum einem Alleingang vorziehen.

  Wer also rein äußerlich eine Rudel-Mischung zwischen Pyrenäenberghund, Setter, Bobtail und Alaskan Malamute bevorzugen würde, der sollte sich diese Entscheidung gut überlegen – es würden völlig unterschiedliche Typen aufeinander treffen, die einen ausgeglichenen Umgang von vorne herein erschweren können. Dagegen wäre mit einem Quartett aus Bouvier, Collie, Bergamasker und Labrador die Rudelfreude wahrscheinlicher und atmosphärisch unkomplizierter. Wer große Hunde liebt, dem bietet sich eventuell ein Trio aus Landseer, Berner Sennenhund und Leonberger an, und wer bei einem Duo bleiben möchte, der hat vielleicht Freude mit einem Briard und einem Picard.

  Viele Hundebesitzer entscheiden sich auch für die Haltung von zwei Hunden der gleichen Rasse – eine ältere Pudelhündin und ein jüngerer Pudelrüde als tägliche Begleiter bedeuten für manchen Menschen das (Rudel-) Glück auf Erden. Allerdings darf man nicht die Erwartungshaltung in sich tragen, dass der Zweit- oder Dritthund derselben Rasse sich automatisch auch so problemlos verhalten wird wie der Ersthund.

Dies sind nur Vorschläge – eine Garantie für ein harmonisches Zusammenleben bedeuteten diese Kombinationen nicht! Vor allem deswegen ist mit der Rassenauswahl vorsichtig umzugehen, weil die Züchterschaft – und Leute, die sich für »Züchter« halten – in den letzten Jahren nicht gerade umsichtig und verantwortungsvoll mit dem definierten Zuchtziel der einzelnen Hunderassen umgegangen sind. Dieser Umstand hat leider dazu geführt, dass einige typische Rasseneigenschaften, die man früher recht verlässlich den unterschiedlichen Typen zuordnen konnte, oftmals nur noch im Ansatz vorhanden sind.

- ***Die Kombination der Geschlechter*** ist keine leichte Entscheidung, vor allem unter dem Hinblick auf eine eventuelle zukünftige Vergrößerung des Rudels.
  Die Frage stellt sich insbesondere dann konkret, wenn man bei seinem Rüden oder seiner Hündin keine Kastrationen durchführen möchte. Will man selbst züchten oder nur einen seiner Hunde zur Zucht einsetzen, dann ist es eigentlich ratsam, es bei diesen beiden Hunden im Haushalt zu belassen – und es ist davon auszugehen, dass dieses Paar eigentlich keinen weiteren Außenkontakt sucht, die Hunde sind sich selbst genug.
  Hat man aber mit Zucht nichts im Sinn, dann sollte sich jeder ernsthaft überlegen, seine Hunde, wenn er sie denn im Rudel halten will, zu kastrieren. Dies gilt sowohl für die Hündinnen als auch für die Rüden.
  Die Stimmung und die Atmosphäre nach einem Eingriff dieser Art ist untereinander ausgeglichener und weniger gereizt. Auch ist dadurch bei Begegnungen des eigenen Rudels mit anderen Gruppierungen von Artgenossen beiderlei Geschlechts die Art und Weise des Umgangs miteinander weniger von Aggressionen begleitet.
  Eine Empfehlung abzugeben, ob zu einer Hündin eher ein Rüde oder eine weitere Hündin passt, kann nicht generell gegeben werden. Auch hier ist es wichtig, den Blick auf das Wesen des eigenen Hundes zu richten – und auf sich selbst! Sieht man sich wirklich in der Lage, sich auf einen Rüden einzulassen? Womöglich noch mit ausgeprägten Schutzhundeeigenschaften? Und wer lebt vierbeinig in der Nachbarschaft – sind Dauerkonflikte absehbar?
  Auch ist nicht von vorne herein abzusehen, ob sich zwei Hündinnen besser ver-

stehen als zwei Rüden. Beide Kombinationen können gleichermaßen zu Auseinandersetzungen führen.

Es spielt eben nicht nur dieser eine Aspekt der Geschlechterfrage eine Rolle, wenn es sich um die gewünschte Verträglichkeit dreht.

Die bisherigen Erfahrungen vieler Rudelhalter haben gezeigt, dass eigentlich erst ab einer Größenordnung von drei Hunden aufwärts die Frage nach dem Geschlecht des weiteren Hundes gestellt werden muss, will man ein eventuelles Konfliktverhalten besser im Griff haben. Dabei ist anscheinend die Kombination von zwei Rüden mit einer neuen Hündin ein größeres Problem als die Kombination von zwei Hündinnen mit einem Rüden als Neuzugang.

Auffallend ist die häufige Bemerkung von langjährigen Rudelhaltern, dass der Umgang miteinander harmonischer wird, je mehr Hunde in ein gemischtes Rudel aufgenommen werden- aber nur dann, wenn klar ist, wer das Sagen hat.

Selbst wenn die Entscheidung für die Wahl des Zweit- oder Dritthundes gefallen und eine Zusammenführung atmosphärisch gut verlaufen ist, so sollte man sich und den Hunden genügend Zeit lassen, sich kennen zu lernen – aber man muss auch damit rechnen, dass zukünftige Konfrontationen nicht ausgeschlossen sind. Oftmals verändert sich die Stimmung untereinander zu Zeiten der Geschlechtsreife des Neuzugangs. Dieser kann in der bewussten Entwicklungsphase die Rudelordnung infrage stellen und für einigen Wirbel unter den Hunden sorgen. Auch wenn der ranghöchste Hund aus Altersgründen seine Stellung einbüßen muss, sind Konflikte vorprogrammiert.

Im Übrigen ist unter mehreren Hunden – auch wenn sie sich gut verstehen – immer wieder mit Auseinandersetzungen zu rechnen. Eine gute und verträgliche Stimmung im Hause ist noch lange kein Garant dafür, dass es draußen – vor allem in der Begegnung mit Gleichgesinnten – immer gelassen zugehen wird.

Kapitel V
DIE ZUSAMMENFÜHRUNG

Es erscheint als die schwierigste Aufgabe, den eigenen Hund mit dem neuen Mitbewohner zusammenzuführen. Wenn aber einige Grundregeln beachtet werden, ist eine allmähliche Integration des weiteren Rudelmitgliedes keine unlösbare Angelegenheit – vorausgesetzt, man hat versucht, alle die geschilderten Aspekte im Vorfeld zu berücksichtigen.

Man sollte einfach darauf gefasst sein, dass einiges anders verläuft, als man sich das so vorgestellt hat, erzwingen kann man nichts. Aber alles gut vorbereiten!

Einen maßgeblichen Einfluss auf einen ersten entspannten Kontakt hat die eigene Stimmung. Jegliche Nervosität oder Anspannung bemerken die sensiblen Hundewesen sofort – die Reaktion ist ein unsicherer Hund. Keine gute Voraussetzung für eine möglichst gelassene Begegnung.

Um keinen Anlass zu geben für eventuelle Verunsicherungen, ist es ratsam, zu Beginn den Tagesablauf wie gewöhnlich starten zu lassen – vor allem einen gemeinsamen und ausgedehnten Spaziergang zu machen, der dazu beiträgt, dass sowohl Besitzer wie auch Hunde gelöst und froh gelaunt dem neuen Mitglied der Lebensgemeinschaft begegnen.

Es liegt nahe, dass auf dem nun folgenden Weg der Annäherung ein Unterschied gemacht werden muss zwischen der Kontaktaufnahme unter erwachsenen Hunden und dem Kennenlernen von Welpen und älteren Hunden.

Geht es bei der Zusammenführung um durchweg ausgewachsene Hunde – eventuell ein »Sozialfall« aus dem Tierheim, aus »zweiter Hand« oder sogar von unbekannter Herkunft und mit fremden Eigenschaften, so ist in der Handhabung mit einigen Faktoren anders umzugehen, als wenn es sich um einen bekannten Junghund oder einen vertrauten Welpen handelt.

Wer in sein Rudel erwachsene Hunde integrieren will, der sollte sich die Zeit nehmen, sich den neuen Anwärter genauer anzusehen – zunächst alleine. Während gemeinsamer Spaziergänge auf unterschiedlichen Routen und in der Begegnung mit anderen Menschen und Hunden lassen sich Eigenarten und eventuelle Verhaltensstörungen antesten. Vor allem ist ein Eindruck hilfreich – wie verhält sich der vierbeinige Probant zum direkten menschlichen Begleiter? Stimmt die »Chemie«?

Wie schon eingangs erwähnt, setzt in den Tierheimen vermehrt der Trend ein, zumindest zeitweise die Hunde in einem gemeinsamen Auslauf zu halten. Ein Hund, der sich in einer solchen Gruppe unauffällig bewegen kann, den darf man im Allgemeinen als »rudeltauglich« bezeichnen. Insofern wäre dieses Kriterium eine günstige Voraussetzung von vorne herein, wenn man sich für eines dieser Exemplare als Zweithund entscheiden würde.

Grundsätzlich ist als wesentlicher Auswahlfaktor zu beachten, dass man keinen selbstbewussten und dominanten Zweithund als Neuzugang aussucht, wenn man bereits einen sehr dominanten Hund besitzt – sonst hat man vermutlich mit der Disharmonie im Rudel ein unangenehmes Dauerproblem.

Je nach Ausmaß der Verhaltensauffälligkeiten des Neulings liegt es an jedem Hundefreund selbst, ob er sich wirklich zutraut, einerseits seinen Hund zuhause nicht zu vernachlässigen, andererseits auf die Korrekturerziehung des zweiten Hundes eingehen zu können. Dies braucht Kompetenz und Zeit – zusätzlich muss nämlich neben der Zusammenführung auch noch die einzelne Bindung zwischen Problemhund und neuem Rudelchef aufgebaut werden!

Im Zweifelsfalle hat man dann immer noch die Möglichkeit, es eventuell mit einem anderen Vierbeiner zu versuchen, ohne dass es im Revier des eigenen Hundes zu Auseinandersetzungen gekommen ist.

Die Begegnung von erwachsenen Hunden

Jede Kontaktaufnahme ist auf neutralem Boden am günstigsten. Damit ist gemeint, dass es für alle Beteiligten die beste Voraussetzung ist, wenn man sich für ein erstes Treffen irgendwo im Gelände verabredet, wo sich die Hunde möglichst ungestört kennen lernen können.

Der zukünftige Rudelanwärter sollte dabei von einer Person, die dem fremden Hund bekannt ist, geführt werden. Im Vorfeld ist zu klären, ob der neue Hund abgeleint werden kann, ohne dass er flüchtet. Denn atmosphärisch ist es sicher vorteilhafter, ein Kennenlernen der Hunde im Freilauf zu ermöglichen – die Leine fördert nun mal eine feindliche Haltung gegeneinander.

Ist ein freies Laufen nicht möglich, so sollte man – zunächst mit etwas Abstand – ein Stück des Weges gemeinsam gehen und bei friedlicher Stimmung die Hunde sich beschnuppern lassen. Zeigen sie ein freundliches Interesse aneinander – prima. Ist die

Begegnung von einer anhaltenden Kampfesstimmung geprägt, sollte man abbrechen, voneinander weglaufen - und es eventuell noch einmal zu einem späteren Zeitpunkt probieren. Hunde sind auch launische Wesen und haben unterschiedliche Tagesverfassungen.

Meistens zeigen die Hunde sehr deutlich, ob sie sich sofort mögen, oder überhaupt nicht! Das allgemeine Ausdrucksverhalten zeigt dem aufmerksamen Beobachter sehr aufschlussreich, wie sich die Befindlichkeiten jedes einzelnen Kandidaten gerade darstellen beziehungsweise entwickeln können. Die verschiedenen Lautäußerungen, verbunden mit entsprechender Gestik und Mimik lassen eindeutige Schlüsse auf den Verlauf einer Begegnung zu.

Betrachten sich die Hunde schon auf Entfernung mit interessiertem Gehabe, beschnuppern sie sich gegenseitig an der Analregion und um die Schnauze, wedeln dabei leicht mit der Rute, laufen entspannt umeinander herum und begeben sich anschließend sogar in Spielaufforderungspositionen – dann ist eigentlich schon fast alles geklärt.

Fixieren sich die Hunde allerdings schon aus der Ferne mit starrem Blick und angespanntem Körper, ziehen gar die Nase kraus, bekommen eine steife Rute und insgesamt eine verkrampfte Haltung – dann ist Vorsicht geboten. Dieser Kontakt scheint sich im weiteren Verlauf nicht unbedingt freundlich zu entwickeln.

Manchmal begegnen sich auch Hunde, die sich zunächst gar nicht beachten – sie tun so, als sei der Andere gar nicht vorhanden. Was aber noch lange nicht heißt, dass damit friedliche Koexistenz herrscht – hier steht meistens die Auseinandersetzung noch an, wobei diese Hunde oftmals sehr schnell ihre Rangpositionen klären können, ohne dass eine Rauferei entsteht. Manchmal reicht schon die entsprechende Körperhaltung des Einen aus, um den Anderen widerspruchslos zu beeindrucken.

Nicht zu vergessen ist aber auch der Einfluss, den Stimmung und körpersprachliche Signale der Hundeführer auf das Verhalten der einander fremden Hunde beim Zusammentreffen haben. Fasst der Hundeführer aus Sorge schon vorab die Leine kürzer, hält die Luft an, verspannt sich und malt sich aus, was jetzt gleich alles

Faustregen für das erste Zusammentreffen:

- ***»Neutrales Terrain« wählen***
- ***Alle Begegnungen unter Kontrolle stattfinden lassen***
- ***Keine Spiele anregen, die zu Konkurrenzkampf führen können (z.B. Bällchenwerfen)***
- ***Keinen Hund übermäßig bevorzugen oder mit Aufmerksamkeit bedenken***
- ***Selbst möglichst entspannt bleiben!***

Schlimmes passieren kann, wird vermutlich auch etwas passieren. Diese Signale seines Menschen entgehen dem Hund nämlich durchaus nicht und signalisieren ihm, dass der fremde Hund eine Bedrohung darstellt, der man am besten mit Aggression begegnet. Je entspannter die Menschen am anderen Ende der Leine, desto entspannter sind vermutlich auch die Hunde!

Bei allen Formen des Begegnungsablaufes ist genau zu verfolgen, wie sich ein beginnendes Spiel entwickelt. Das Spielverhalten der Hunde untereinander lässt ziemlich klare Schlüsse ziehen, inwieweit die betreffenden Kameraden ihre typische, innerartliche Körpersprache verstehen und einsetzen können. Werden beispielsweise Unterwerfungsgesten akzeptiert, oder inwieweit lösen sich Dominanzhandlungen wieder spielerisch auf? Kennen die Hunde eine natürliche Beißhemmung?

Will einer der Hunde mit dem Spiel aufhören und der andere macht trotzdem weiter? Wird aus einem anfangs lockeren Verfolgungsspiel eine Hetzjagd? Ist die Spielinitiative einseitig oder wechseln sich die Hunde als »Animateure« ab?

Während dieser Erstkontakte darf von den Bezugspersonen den Hunden kein Spielzeug angeboten werden – ein Kampf um den Ball des Anderen dient nicht einer gelassenen Situation. Auch sollten die menschlichen Begleiter sich nicht als Spielinitiatoren verstehen – dies stört den hundetypischen Ablauf einer Kontaktaufnahme untereinander. Eine eindeutige Zuwendung zu einem der betroffenen Hunde ist ebenfalls nicht ratsam, denn eine einseitige Bevorzugung kann zu Streitigkeiten führen. Am besten überlässt man die Hunde erst einmal ihrer eigenen Art und Weise, Kontakt aufzunehmen – aber stets unter direkter Kontrolle und mit der Möglichkeit, jederzeit eingreifen zu können!

Der Zeitraum der ersten Begegnung sollte nicht zu lange andauern, eine Viertelstunde reicht da vollkommen aus. Lieber etwas kürzer, dafür häufiger – und sich möglichst in guter Stimmung verabschieden. Was nicht heißt, dass der erste harmonische Kontakt die Garantie für zukünftige friedliche Koexistenz bedeutet – Hunde unterliegen einerseits Stimmungsschwankungen und reagieren auch auf fremde

Gerüche extrem. Kehrt also der anvisierte Neuling wieder ins Tierheim zurück, bringt er das nächste Mal auch andere Düfte mit sich... Aber ein erneuter Kontakt lohnt sich immer wieder – die spielerischen Treffen, außerhalb der häuslichen Region des Ersthundes, müssen unbedingt mehrmals durchgeführt werden!

Wenn diese häufigen Kontakte ohne nennenswerte Auffälligkeiten verlaufen, dann ist darauf zu achten, dass man nicht den Fehler macht, den neuen Hund einfach von diesem Treffpunkt aus mitzunehmen – jedenfalls nicht im eigenen Auto! Dieses Gefährt wird nämlich vom eigenen Hund oder dem schon vorhandenen Rudel als ureigenstes Revier betrachtet – was also vorher vielleicht gut verlaufen ist, kann innerhalb von Sekunden in aggressive Stimmung umschlagen.

Der nächste Schritt wäre dann ein Besuch des nun bekannten neuen Hundes auf dem eigenen Terrain – vielleicht zunächst im Gartengelände, wo genügend Bewegungsfreiheit vorhanden ist. Notfalls sind mehrere Besuche anzuraten. Ein gemeinsames freies Spiel ohne potenzielle Streitobjekte in Spielzeugform entkrampft die Lage. Haben sich die Hunde beruhigt, liegen vielleicht sogar gemeinsam ab, erst dann ist das Betreten des inneren Revierbereiches empfehlenswert.

Unter Begleitung und Kontrolle der Begleiter ist darauf zu achten, dass zuerst die »Hausherren« hineingehen, dann die Gäste folgen. Es ist ratsam, dass sich die Begleitpersonen mit Streicheleinheiten oder Spielaufforderungen zurückhalten, die falsche Zuwendung zum falschen Zeitpunkt kann unerwünschte Reaktionen auf beiden Seiten zur Folge haben. Keiner der Hunde darf den Eindruck haben, er würde bevorzugt behandelt.

Auf gar keinen Fall darf man nun die Hunde etwa sich selbst überlassen – die erste Zeit muss der menschliche Rudelchef das Geschehen beobachten und steuern können. Hat sich die Atmosphäre etwas beruhigt und stabilisiert, dürfen Kauknochen – gleichzeitig an alle – verteilt werden! So kommt kein Futterneid auf und das gemeinsame Abkauen wirkt allgemein entspannend.

Dies heißt aber nicht, dass alle Anwesenden nun wie gebannt nur auf die Hunde starren müssen – eine lockere Kaffeerunde beispielsweise, die positive Gelassenheit ausstrahlt, vermittelt dem angehenden Rudel eine Atmosphäre von Sicherheit und selbstverständlicher Normalität.

Sodann kann man, in Begleitung des bisherigen Hundes, dem zukünftigen Rudelmitglied langsam die neue Behausung zeigen. Vor allem seinen Schlafplatz – der sich nicht an nächster Stelle zum eigenen Lager befinden sollte. Dort schläft nach wie vor derjenige, der an dieser Stelle bisher gelegen hat! Auch der Futterplatz wird in Augenschein genommen – die Reihenfolge der Futtergabe sollte beibehalten werden – der Neuzugang erhält seinen Napf am Schluss. Diese ersten gemeinsamen Fresszeiten sollten immer unter Beobachtung stattfinden.

Während tagsüber alle Interaktionen im Hause oder dem Garten mit viel Zuwendung und möglichst ruhigen Bewegungsabläufen verbunden sind – Konkurrenzspiele wie etwa »Stöckchen werfen« sollten zuhause auf alle Fälle vermieden werden – ist der abendliche Spaziergang vor der Schlafenszeit unter Umständen nur an der Leine durchzuführen, weil die Reaktionen der eigenen und des fremden Hundes noch nicht endgültig einzuschätzen sind. Ein Hund, der in die Nacht verschwindet, hat keine gute Ausgangsposition für ein neues Zuhause.

Wer schon mehrere Hunde hat, und einen neuen Hund in sein Rudel aufnehmen will, der sollte während des ersten Kontaktes darauf achten, dass die neugierige Meute nicht gerade geschlossen auf den Neuling zustürmen kann. Ratsam ist auch in diesem Falle, für die Kontaktaufnahme »unbesetztes Terrain« zu wählen – aber vor allem dem Leithund ist ausreichend Gelegenheit zu geben, sich mit dem Rudelanwärter zu befassen. Insbesondere bei dieser Konstellation wäre ein dominanter oder älterer Hund fehl am Platze.

Der menschliche Rudelchef hat ein aufmerksames Auge darauf zu richten, inwieweit seine Hunde dem neuen Kumpel souverän entgegentreten – oder aber womöglich anfangen zu »mobben«. Ständige stressige Attacken sind zu unterbinden. Sonst herrscht von vorne herein keine faire Ausgangsposition für die Eingewöhnung des Neulings in die Hundegemeinschaft. Die Gruppe einfach sich selbst überlassen, etwa nach dem Motto: »...die werden das schon unter sich regeln...« ist unverantwortlich und zeugt von wenig Hundeverstand!

Die erste Zeit ist es sicherlich einfacher, wenn die Hunde zunächst unter sich bleiben, das heißt, dass der Neue nicht unbedingt den Fremdgeruch eines anderen Hundes an sich haben sollte. Auch sollten Zusammentreffen mit anderen Rudeln in der Phase des Kennenlernens und des Aneinandergewöhnens besser vermieden werden. Die Einheit als Gruppe braucht ein wenig Entwicklungszeit - wie lange, das lässt sich schlecht verallgemeinern und kommt auf die jeweilige Rudelbereitschaft unter den Hunden an. Oftmals dauert diese Phase aber länger, als man selbst das erwartet! Insofern ist es nicht verkehrt, genügend Urlaub bzw. Freizeit einzuplanen.

Diese Zeit wird vor allem dann benötigt, falls das neue Rudelmitglied nach der ersten Eingewöhnungszeit plötzlich Eigenheiten zeigt, auf die man selbst nicht vorbereitet ist. Niemand kann einen erwachsenen Hund mit unbekannter Vergangenheit innerhalb kurzer Zeit in seinem Verhalten sicher einschätzen – manchmal zeigen sich Ängste oder Aggressionen erst wochenlang später.

Auch kann sich im Laufe der Zeit die Rangordnung unter den erwachsenen Hunden ändern – dieser Prozess sollte von der Bezugsperson akzeptiert werden, selbst wenn es schwerfällt. Der Ersthund kann seine höchste Position auch verlieren – damit muss man rechnen und sich auch darauf einstellen! Durch den Versuch, kor-

rigierend einzugreifen, lässt sich dieser Vorgang nicht aufhalten – man fördert dadurch nur zusätzliche Unruhe.

Die Rangordnung innerhalb des Rudels ist z.B. bei der Fütterung zu beachten, der ranghöchste Hund erhält seinen Napf zuerst. Steigt der »Neue« im Rang auf, kann das bedeuten, dass man seinen besonders liebgewonnenen Ersthund im wahrsten Sinne des Wortes zurücksetzen muss, um Streitigkeiten zu vermeiden.

Die Zusammenführung mehrerer erwachsener Hunde hat dann die besten Aussichten auf eine harmonische Akzeptanz, wenn:

- der Neue nicht älter ist als der Andere
- der Altersunterschied nicht zu groß ist
- die Temperamente nicht zu unterschiedlich sind
- die Größe nicht auffällig abweicht
- die Hunde alle kastriert sind
- der Ersthund kein dominanter Einzelhund ist
- der Ersthund seine Entwicklung abgeschlossen hat
  und gut erzogen ist
- die Rudelstruktur unter den bisherigen Bewohnern klar geregelt ist – und ein verantwortungsvoller Rudelchef existiert

Und man sollte immer, trotz aller guten Vorbereitungen, darauf gefasst sein, dass Verhaltensweisen gezeigt werden, die man bisher von dem eigenen (!) Hund noch nicht kannte!

Der Prozess der Zusammenführung ist eine Aktion, für deren Gelingen einerseits viel Fingerspitzengefühl benötigt wird, andererseits ein hohes Maß an Kompetenz und Wissen über Ausdrucksverhalten von Hunden vorauszusetzen ist.

Und falls es schwierig wird – man sollte sich niemals scheuen, seine eigene Hilflosigkeit einzugestehen und sich frühzeitig fachkundigen Rat einzuholen, ehe sich die Fronten verhärten.

Die Kombination von erwachsenem Hund und einem Welpen

Diese Konstellation ist anfangs insofern leichter zu bewältigen, weil normalerweise der Kleine unter dem Großen den so genannten »Welpenschutz« genießt.

Zwar gilt die Garantie dieses Welpenschutzes eigentlich nur für das Leben im eigenen, verwandtschaftlichen Rudel. Aber artgerecht sozialisierte Hunde kennen die grundlegenden Umgangs-Spielregeln miteinander und können die typischen Verhaltensstrategien meistens auch innerartlich umsetzen.

Nicht jeder erwachsene Hund reagiert aber zuverlässig auf das »Kindchenschema« eines Welpen – seine eigene Wesensentwicklung und soziale Kompetenz ist die Voraussetzung für ein angemessenes Verhalten. Daher ist es sinnvoll, im Vorfeld zu testen, inwieweit der eigene erwachsene Hund auf andere Welpen in seiner Umgebung reagiert. Um sicher zu gehen, dass er die nötigen Umgangsformen auch beherrscht, beziehungsweise die Verhaltensmuster des Welpen zu deuten weiß und damit angemessen umgehen kann, sind Kontakte zu Züchtern oder Welpenbesitzern zu empfehlen. Um es gleich vorweg zu bemerken: Diejenigen, die sich mit dem Gedanken tragen, eventuell direkt zwei Welpen – womöglich auch noch Geschwister – in den Haushalt aufzunehmen, ist von dieser Idee wirklich abzuraten. Ein Welpe alleine benötigt schon die höchste Aufmerksamkeit und Zuwendung – mit einem weiteren Winzling ist man in der Regel sehr schnell überfordert und kann ihm deswegen in seinen individuellen Bedürfnissen nicht gerecht werden.

Es ist auch immer wieder festgestellt worden, dass sich zwei Welpen viel zu sehr miteinander beschäftigen und so intensiv aufeinander fixiert sein können, dass der Mensch als Bezugsperson schlichtweg außen vor bleibt. Die Chancen zum Aufbau einer bleibenden Bindung zwischen Mensch und Hunden sind da eher aussichtslos.

Hat man eine Hündin ausfindig gemacht, deren Nachwuchs eventuell zur Rudelvergrößerung in Frage kommt, dann ist es sinnvoll, zunächst einmal die Aufzuchtbedingungen der Welpen zu begutachten.

Das Welpenrudel

Egal, ob es sich um einen Rassehund eines prämierten Züchters oder um einen Mischling aus privater Familie handelt – man sollte sich über folgende Details vor Ort persönlich informieren:

- Wie sind die Haltungsbedingungen - wie ist der Kontakt zu menschlichen Bezugspersonen geregelt?
- Ist die Unterbringung des Wurfes und der Mutter artgerecht (z.B. kein dunkler Keller oder winziger Zwinger)?
- Wie ist der Pflege- und Fütterungszustand der Welpen und der Mutter?
- Ist eine tierärztliche Versorgung gewährleistet (Impfungen, Entwurmung u.ä.)?
- Wie ist die Atmosphäre in der Züchterfamilie? Sind die Hunde Mitglied in der Lebensgemeinschaft?
- Fördert dies den Sozialkontakt der Welpen zu Menschen und Artgenossen – oder werden sie abgesondert?
- Gibt es eine mögliche Kontaktaufnahme zu verschiedenen Umweltreizen ab der vierten Woche – und werden diese gefördert?
- Ist die Informationspflicht des Züchters über Herkunft und Abstammung korrekt und nachvollziehbar?
- Leben vielleicht weitere Hunde im Haushalt, zu denen die Welpen etwa nach der achten Woche Kontakt aufnehmen können?

Es ist für die Entwicklung eines rundum gesunden Welpen von grundlegender Bedeutung, inwieweit die Sozialisationsmöglichkeiten an Menschen und Artgenossen gleichermaßen wahrgenommen werden können. Daher ist den Aufzuchtbedingungen eine immense Bedeutung beizumessen!

Für die Entfaltung und das Gedeihen eines rudeltauglichen Hundes ist es als ein zusätzlicher positiver Umstand zu bewerten, wenn neben den Welpen noch andere Artgenossen in seinem Umfeld anzutreffen sind.

Sind alle genannten Aspekte zufriedenstellend abgeklärt, rückt die folgende Entscheidung in den Vordergrund:

Die Auswahl des Welpen

Während man sich bei der Auswahl des Ersthundes vielleicht noch auf eine Bauchentscheidung einlassen konnte, so ist die Welpen-Wahl des zweiten oder dritten Hundes mit ein wenig mehr Überlegung und sorgfältigem Abwägen anzugehen.

Zunächst ist die Entscheidung nicht beim ersten Besuch direkt zu treffen – mehrmalige Kontakte in unterschiedlichen Phasen der Welpenentwicklung sind sicherlich für eine richtige Wahl maßgeblich. Denn die kleinen Fellknäuel können sich im Laufe der ersten zwölf Wochen in ihrem Verhalten gründlich ändern, beispielsweise kann sich der Grad ihrer Erregbarkeit und ihr Temperament auffällig verwandeln. Und gerade auf diese Eigenschaften sollte man ein besonderes Augenmerk richten, will man den Welpen in ein bestehendes Rudel integrieren.

Die Entwicklungsphasen der Welpen

Es existiert mittlerweile ausführliche Literatur über die Entwicklung und Erziehung von Welpen und Junghunden. Daher wird sich im Folgenden ausschließlich auf die besonders gravierenden Aspekte in Bezug auf die spätere Haltung in einem Rudel bezogen.

Die ethologische Forschung hat die Welpenentwicklung in verschiedene Phasen eingeteilt. Je nach Rasse und Aufzuchtbedingungen können die zeitlichen Angaben zu den Entwicklungsstufen aber variieren!

In den ersten vier Wochen sind alle Welpen voll auf die Mutterhündin angewiesen und nur auf sie fixiert. Saugen und Schlafen bestimmen den Tagesablauf. Etwa in der dritten Woche öffnen sie die Augen und beginnen, der Mutter zu folgen.

Ungefähr ab der vierten Woche haben die Welpen voll entwickelte Sinne, erste Ausflüge in die Umgebung des Wurflagers erfolgen. Ihr Spielverhalten intensiviert sich, sie werden mutiger. Und reagieren auf die ersten menschlichen Berührungskontakte, die ab diesem Zeitpunkt von den Bezugspersonen noch weiter forciert werden sollten. Verstärkte menschliche Zuwendung wirkt sich ganz entscheidend auf das Verhalten und den Charakter des Hundes aus.

Diese Zeit bis zur annähernd achten Woche wird als so genannte »Prägungsphase« bezeichnet – ein entscheidender Zeitabschnitt im Leben eines jeden Hundes. Die späteren Fehlverhalten, welche aus dieser Phase resultieren, sind praktisch irreversibel und therapieresistent.

Es folgt die Zeitspanne zwischen neunter und zwölfter Woche, sie wird als »Sozialisierungsphase« benannt. Die ersten Regeln werden spielerisch erlernt, die Mutterhündin nimmt deutlich Einfluss auf das Geschehen untereinander. Der Kontakt zum Menschen intensiviert sich und sollte weiter aufgebaut werden – vertrauensbildende Maßnahmen stehen dabei im Vordergrund. Alle Umweltreize erhalten einen

hohen Stellenwert, besonders in dieser Phase entstehen oftmals bleibende Unsicherheiten und Ängste. Der Welpe darf gerade in dieser Zeit nicht in Watte gepackt werden - je vielseitiger die Wahrnehmungen sind, desto sicherer werden sie von ihm als »normal« verbucht.

Die Entfaltung der sensomotorischen Fähigkeiten sollte unterstützt werden – abwechslungsreiches Spielterrain vermittelt anregende Erlebniswelten und unterstützt zugleich die Entwicklung der Körperfunktionen.

Der Bezug zu den Artgenossen erhält ab diesem Zeitabschnitt eine besondere Bedeutung. Die arttypischen Umgangsregeln werden im Spiel erlernt – die Körpersprache über Mimik und Gestik wird differenzierter und liefert die Voraussetzung für den späteren, sicheren Umgang mit anderen Hunden. Deswegen sollten Welpen nicht zu früh aus ihrer sozialen Gemeinschaft herausgeholt werden. Falls aber dennoch ein Abnabeln aus der bisherigen Familie erfolgen muss, dann ist darauf zu achten, dass der Welpe keineswegs isoliert wird – der Kontakt zu gleichaltrigen und älteren Hunden sollte machbar sein.

Etwa zwischen der dreizehnten und sechzehnten Woche erfolgt im Spiel das Erlernen der Rangordnung, eine Zeit, die nach der Trennung von der Wurfgemeinschaft für die Aufnahme in ein Rudel geradezu ideal ist. Diese drei Wochen bieten allen Beteiligten die optimale Chance, sich als gemeinsam agierende Gruppe zu entwickeln und zu festigen. Der Welpe erfährt nun seine Grenzen und bekommt seine Position in der Rangordnung des Rudels zugewiesen.

In diesem Lebensabschnitt bildet sich auch das Gehirn des jungen Hundes aus. Bis zu 80 % ist es in der 16. Woche ausgewachsen. Daher erhalten die einflussreichen Erlebnisse und Reaktionen in seiner begrenzten Lebenswelt nun einen besonderen Stellenwert. Die Möglichkeit zur Auseinandersetzung mit unterschiedlichen

Grönländer-Rudel am Eigergletscher

Umweltreizen ist lebenswichtig für einen im Wesen gefestigten Hund. Wobei sich diese Reize vor allem auf die Umgebung außerhalb des bisherigen Lebensraumes beziehen sollten – sowohl auf menschliche Begegnungen (schreiende und rennende Kinder, alte Menschen mit Stock, Behinderte im Rollstuhl u.ä.), als auch auf städtische Geräusche und Materie (Bus an- und abfahren, Sirenengeheul, Reifenquietschen, Feuerwerk und vieles mehr).

Die gefürchteten Problemverhalten eines erwachsenen Hundes, die sich insbesondere aus Aggressions- und Angstreaktionen ergeben, haben in den überwiegenden Fällen ihre Grundlage in einer isolierenden Lebenssituation des Welpen in diesem Alter. Diese kann gerade in einer Rudelhaltung leicht entstehen, weil man ja »sich selbst hat« und irrtümlich meint, wenig mit dem einzelnen Hund separat unternehmen zu müssen.

Zwischen der 14. – 24. Woche sprechen die Ethologen von der »Rudelordnungsphase«. Das Wort weist eigentlich klar auf die Schwerpunkte dieser Zeitspanne hin: Es wird eine Struktur notwendig, an der ein junger Hund sich orientieren kann. Die Neugier und der Lerneifer müssen von der Bezugsperson und den anderen Rudelmitgliedern in die richtigen Bahnen gelenkt werden. Der junge Hund erwartet einen sozialen Rahmen, der es ihm ermöglicht, sein Gesichtsfeld zu erweitern und seine Umwelt als abwechslungsreich und positiv besetzt zu erfahren. Seine Grenzen kennen zu lernen, aber dennoch seine Möglichkeiten auszuschöpfen – das muss ein intaktes Rudel unter verantwortungsvoller Führung des menschlichen Rudelführers fördern und umsetzen können.

Zu erwähnen wäre noch die »Pubertätsphase«, das so genannte Flegelalter. Zirka im siebten oder achten Monat kann sich ein Junghund trotz bester Erziehungs- und Haltungsbedingungen plötzlich recht willkürlich und widerspenstig gegenüber seiner Bezugsperson verhalten. Die bisherige Kommunikationsgrundlage wird in Frage gestellt – gelernte Hör- und Sichtsignale schlichtweg ignoriert. Der junge Flegel testet aus und stellt so manches Nervenkostüm auf eine harte Geduldsprobe

Auch die anderen Rudelmitglieder werden etwas rüder und rücksichtsloser von ihm behandelt. Deswegen können in einem Rudel die Interaktionen untereinander auch heftiger werden – in der freien Wildbahn wandern die Jungtiere einer Gemeinschaft dann häufig ab.

Auf diese Zeitspanne sollte man vorbereitet sein – nervenstarke, sowie konsequente Handlungen und Reaktionen sind vom Rudelführer gegenüber dem »Pubertierenden« gefragt. Diese Zeit geht vorbei...!

Die Auswahlkriterien

Bisher wurden die Aufzuchtbedingungen und ihre Auswirkungen unter die Lupe genommen – sprechen die Beobachtungen überwiegend für die Aufzuchtstätte, dann erfolgt die Qual der Wahl.

Für eine Aufnahme in ein bestehendes Rudel ist auf folgende Verhaltensweisen des Welpen in seiner Gemeinschaft zu achten:

- kein auffälliges Selbstbewusstsein
- keine Angst
- keine Scheu
- keine leichte Erregbarkeit
- keiner, der laufend über seine Geschwister herfällt
- keiner, der ständig am »Rockzipfel« seiner Mutter hängt
- keiner, der sich zu sehr dem menschlichen Besucher aufdrängt
- keiner, der vor seinen bisherigen Bezugspersonen davonläuft

Ist die Wahl nach einigen Besuchen – zunächst ohne den anderen Hund – getroffen, so folgt die Suche nach dem passenden Namen.

Der Rufname sollte sich deutlich unterscheiden von dem Namen des anderen Hundes und keinen ähnlichen Klang haben. Sonst können die Hunde später einfach schlechter differenzieren, wer gemeint ist.

Auch ist es empfehlenswert, darauf zu achten, dass man sich nicht für einen Rufnamen entscheidet, der sich ähnlich anhört, wie ein Kommando. Beispielsweise »Blitz« und »Sitz« oder »Max« und »Platz« klingen für den Hund gleich und erschweren die korrekte Reaktion.

Ist die Entscheidung für den

Welpen gefallen und steht der Zeitpunkt für die Abholung fest, ist es ratsam, sich direkt mit einer Hundeschule in Verbindung zu setzen. Der Welpe sollte fortlaufend Kontakt zu seiner Altersgruppe behalten können – unabhängig von dem neuen Rudel zuhause.

Einerseits benötigt er eine separate Erziehung und andererseits ist der Aufbau der Bindung zur neuen Bezugsperson notwendig. Auch ist es eine echte Erziehungshilfe für den Welpen, wenn er registriert, dass es außer seinen Geschwistern durchaus noch andere, gleichaltrige Artgenossen auf der Welt gibt, mit denen man sich irgendwie verständigen muss! Daher ist der Besuch einer qualifizierten Welpenspielgruppe unbedingt zu empfehlen!

Die gute Welpenspielgruppe

Die Suche nach einer fachlich kompetent geführten Welpenspielgruppe ist nicht ganz einfach – aber lösbar. Immer mehr Hundeschulen und -ausbilder bieten diese Möglichkeit an. Aber wie erkennt man eine gute Gruppe?

- Die Welpengruppe sollte maximal aus etwa sechs – acht Welpen bestehen und homogen in der Altersstruktur (neunte bis sechzehnte Woche) sein.
- Es sind verschiedene Rassen und auch Mischlinge anwesend.
- Spielerisches Erleben und Erkunden ist der Hauptinhalt dieser Stunde – freiwillig und ohne Zwang.
- Das Programm besteht aus abwechslungsreichen Spiel- und Lernelementen, die auf spätere Umweltsituationen Bezug nehmen.
- Die Welpen werden nicht einfach nur sich selbst überlassen – die Bezugspersonen werden aktiv in die Spieleinheiten mit einbezogen.
- Verhaltensspezifische Zusammenhänge werden verständlich erklärt.
- Alle Fragen werden ausführlich und bereitwillig beantwortet – dazu erhält man schriftliches Informationsmaterial zum Nachlesen.
- Falls gewünscht, findet eine individuelle Beratung statt.
- Die Gruppenleitung verlangt und kontrolliert den Impfpass und erkundigt sich nach der Entwurmung des Welpen.

Wer glaubt, auf eine solche separate, gemeinsame Zeit mit seinem neuen, jungen Begleithund verzichten zu können und etwa der Meinung ist, die restlichen Artgenossen würden alles schon irgendwie richten – der wird schnell eines Besseren belehrt. Nämlich dann, wenn das neue Mitglied der Familie mit zunehmendem Alter anfängt, sich unkontrollierbar und widersätzlich innerhalb und außerhalb des Rudels zu benehmen. Eine Korrekturerziehung gestaltet sich dann wesentlich aufwändiger als der Besuch der Welpenspielgruppe oder des sich anschließenden Junghunde-Erziehungskurses.

Die Integration des Welpen in das neue Rudel

Bevor der Welpe in sein neues Zuhause einzieht, sind einige organisatorische Vorkehrungen zu treffen. Denn die Bewegungsfreiheit in Haus und Garten sollte aus Sicherheitsgründen für den Kleinen zunächst noch etwas überschaubar sein – für die Großen darf sie aber eigentlich nicht eingeschränkt werden.

Daher ist bei allen provisorischen Maßnahmen darauf zu achten, dass es unterschiedliche Möglichkeiten gibt, Räumlichkeiten, Durchgänge und Treppen multifunktional zu nutzen. Beispielsweise sollten schützende Gitter oder Türchen an Auf- und Abgängen nicht zu hoch sein, damit die erwachsenen Hunde ihre bisherigen Aufenthaltsräume und Schlafplätze erreichen können, wann immer sie wollen. Denn oftmals ziehen sich gerade die älteren Hunde zeitweise mal gerne zurück und genießen ihre ungestörte Ruhe.

Der Schlafplatz des neuen Mitbewohners ist für den Tag und die Nacht wohl überlegt einzurichten. Einerseits sucht der Kleine die Nähe seiner neuen Bezugsperson, andererseits ist eine gewisse Distanz einzuhalten, um den Rang der anderen Rudelmitglieder nicht infrage zu stellen. Denn eigentlich darf nur derjenige dem Ranghöchsten am nächsten sein, der auch in der Hundegruppe die höchste Position einnimmt!

Darüber hinaus ist es ratsam, jedes Lieblingsspielzeug der anderen Hunde aus dem gemeinsamen Terrain zu entfernen. Auch ist es anfangs zu vermeiden, etwa mit allen gleichzeitig spielen zu wollen – statt einer harmonischen Begeisterung kann daraus schnell eine Kampfstimmung entstehen!

Dem Kleinen sollte man auch sein Spielzeug aus der ehemaligen Welpenspielstube beim Züchter abnehmen – ebenfalls ist es angebracht, keine angeknabberten Utensilien oder Schlafdecken aus der Wurfkiste mit in das neue Heim zu nehmen. Fremdgerüche sind dort zunächst auf ein Minimum zu beschränken.

Im Übrigen ist es selbstverständlich, die Aufenthaltsräumlichkeiten des Welpen frei von schädlichen Lutsch- und Knabbermaterialien zu halten – dass man mal wieder die besten Schuhe wegräumen muss, liegt im eigenen Interesse.

Auch im Garten ist sorgfältiges Aufräumen angesagt, damit beim Herumtoben keine Gartengeräte herumliegen, an denen sich der empfindliche kleine Körper verletzen kann. Und ein Kontrollgang am Zaun entlang ist angebracht, um eventuell offene Stellen am Boden zu sichern – sonst entschwindet der neugierige Winzling nach einer Buddelaktion plötzlich unbemerkt. Oder doch nicht? Dann ist aber ein »Gestürm« der Zurückgebliebenen hinter dem Zaun sicher!

Bis der Welpe stubenrein ist, liegt es nahe, ihm ein Pinkelplätzchen im Garten zu zeigen und eine begrenzte Fläche für den Kotabsatz vorzusehen. Aber so, dass dieser möglichst nicht von den anderen Hunden ebenfalls benutzt werden kann – denn die hat man ja mittlerweile so weit erzogen, dass die Notdurft draußen im Freien abzusetzen ist. Der Rasen war endlich wieder durchgehend grün, statt gelb gefleckt.

Der Tag der Tage

Wer die Möglichkeit hat, der sollte seinen Hund ein paarmal mit zum Züchter nehmen, um den Kontakt zum ausgesuchten Welpen frühzeitig herzustellen. Ab etwa der 10. Woche sind diese Besuche zu empfehlen. Man kann dann den betroffenen Welpen aus dem Wurf für kurze Zeit herausnehmen, um zwischen den beteiligten Hunden einen Geruchskontakt fördern zu können.

Am Tage der Abholung – möglichst mit Chauffeur – ist es allerdings günstiger, den/die anderen Kameraden nicht zur Aufzuchtstätte mitzunehmen. Man kann sich voll auf den Welpen konzentrieren, der nun das erste Mal ganz von Geschwistern und Mutter getrennt wird und zudem auch noch Auto fahren muss. Er könnte sich übergeben, denn die Aufregung und das ungewohnte Fahrgefühl belasten den kleinen Magen stark. Es sollte ihm deswegen unmittelbar vorher kein Futter verabreicht werden.

Man selbst ist natürlich auch etwas angespannt und aufgeregt – geht auch wirklich alles gut? Ruhe bewahren, durchatmen und lächeln – und vor allem keine unrealistischen Erwartungshaltungen haben!

Es gibt durchaus viele Hunde, die sind von einem Welpen in ihrer nächsten Umgebung zunächst überhaupt nicht begeistert, im Gegenteil, sie ziehen sich abwartend erst einmal zurück. Man sollte dann aber nichts erzwingen wollen, den Welpen etwa dem anderen Hund körperlich aufdrängen oder enge Raumsituationen bewusst herbeiführen. Im Gegenteil. Genügend Bewegungsfreiheit sollte vorhanden sein – und ausreichend Belohnungswürfel, die an alle verteilt werden, während man selbst mit auf dem Boden sitzt und den Kleinen auf dem Schoß hat.

Will der sich nun irgendwann selbstständig machen – das darf er, aber immer nur unter Kontrolle. Und er muss die Sicherheit vermittelt bekommen, dass er jederzeit den Schutz seines neuen Rudelführers genießen kann.

Andererseits ist den Alteingessenen die aktive Kontaktaufnahme zu gestatten. Der Ranghöchste im Hunde–Rudel sollte immer wieder positiv angesprochen werden, auch wenn dieser zunächst kein offensichtliches Interesse am Geschehen zeigt.

Oftmals beginnt einer der rangniedrigeren Kameraden nach dem ersten Beriechen direkt mit einer Spielaufforderung, während sich der Ranghöhere erst einmal noch abwartend zurückhält. Dieser signalisiert dem Neuzugang schon in den ersten Sekunden: He, ich bin hier der Hundeboss! Schon ein kritischer Blick, ein Runzeln der Augenbrauen, ein Spiel mit den Ohren, die Kopf- und Rutenhaltung, sowie die selbstsichere Präsentation seines gesamten Erscheinungsbildes deuten dem Kleinen unmissverständlich an, wer zukünftig hundemäßig das Sagen hat.

Lässt sich der quirlige Winzling davon aber nicht sonderlich beeindrucken, sind seine freundschaftlichen Annäherungsversuche eher lästig und zu aufdringlich, kann auch der geduldigste »Hausherr« sauer werden. Anfängliches Knurren sollte man nicht unterschätzen – eine verschärfte Abwehrreaktion muss von der Bezugsperson ernst genommen werden. Ein regulierendes Eingreifen ist dann angebracht, wenn der Welpe auf die deutlichen Signale des Leithundes im Eifer des Gefechtes nicht reagiert. Dies kann vorkommen, wenn für den kleinen Neuling die Situation allzu aufregend ist. Man sollte ihn dann ablenken und den Althund nicht als alleinige Zielscheibe dem überschäumenden Temperament aussetzen.

Andererseits sind Zurechtweisungen des älteren Hundes gegenüber dem kleinen Neuzugang auch angebracht, zu viel an Narrenfreiheit darf er sich einfach nicht heraus nehmen. Daher ist es völlig normal, dass in Form der Hundesprache auch Grenzen gesetzt werden müssen.

Die erste Nacht gestaltet sich meistens eher unruhig. Der Winzling ist zwar »hundemüde«, aber die ungewohnte Situation lässt alle Beteiligten nicht unbedingt in einen erholsamen Schlaf fallen. Vor allem, weil der Kleine ja öfters mal raus muss – und die Anderen wollen dann meistens mit. Nur aus Neugier, versteht sich – es läuft ja was. An Nachtruhe ist also nicht zu denken. Der Welpe wird versuchen, Körperkontakt aufzunehmen. Solange er dabei nicht einen anderen Hund von seinem angestammten Platz verdrängen kann, sollte man das gestatten. Die Bindung an die neue Bezugsperson und die Umgebung wird dadurch enorm gefördert!

Den Stand als Rudelchef gefährdet man damit sicher nicht, im Gegenteil! Großes Vertrauen wird aufgebaut – und das zeichnet eine funktionierende Mensch-Hunde-Beziehung auf Dauer aus.

Bleibt der Kleine, wie die anderen Hunde auch, an einem separaten Ort außerhalb des eigenen Schlafraumes, sollte man ihm ein kuscheliges, kleines Lager vorbereiten, das von den anderen Kumpels nicht in Beschlag genommen werden kann. Umgekehrt ist zu gewährleisten, dass der Kleine die Alten nicht ungewollt bedrängen kann. Dies erreicht man am Besten, wenn man deren Schlaflager etwas erhöht, sodass der Kleine nicht hinaufklettern kann.

Ein Hörkontakt zum Hunde-Schlafplatz sollte möglich sein. Regelmäßiges Nachschauen ist in den ersten Nächten empfehlenswert, vor allem, weil der Kleine ja auch noch nicht stubenrein ist.

Auf keinen Fall darf der Welpe, alleine im Dunkeln, Verlustangst oder Panik bekommen – solche Erlebnisse können in diesem Alter bleibende Verhaltensschäden nach sich ziehen!

Das nun folgende Tagesgeschehen gestaltet sich insofern etwas anstrengend, weil einerseits die restlichen Rudelmitglieder nicht in ihren bisherigen Gewohnheiten und Bewegungsbedürfnissen eingeschränkt werden dürfen, andererseits darauf geachtet werden muss, dass der Welpe nicht überfordert wird. Daraus resultiert die Konsequenz, dass zusammen mit dem Partner oder einem Mitglied der Familie, die Spaziergänge oder sportliche Aktivitäten mit den Hunden zunächst aufgeteilt werden müssen. Der Kleine darf in keinem Falle alleine zurückgelassen werden, oder aber die Anderen in ihren körperlichen Bedürfnissen zurückstehen.

Viel Zuwendung sollte gerecht verteilt werden – eine entspannte Atmosphäre stellt sich früher oder später nur dann ein, wenn keiner sich zurückgesetzt oder überfordert fühlt. Spätestens, wenn das erste Mal über das Beriechen hinaus, der weitere Kontakt durch gegenseitiges Belecken oder gar ein vorsichtiges Kontaktliegen intensiviert wird – dann kann man selbst erst einmal durchatmen. Und alle die netten und freudigen Erlebnisse zusammen mit seinem neuen Rudel genießen.

Kapitel VI
DIE ERZIEHUNG EINES RUDELHUNDES

Wer in der heutigen Zeit mehrere Hunde hält, dem wird von der Gesellschaft abverlangt, sich mit seinem Rudel möglichst unauffällig in der Öffentlichkeit zu bewegen.

Um dieser Forderung und Erwartungshaltung der Allgemeinheit, deren Volksvertreter sich einiges an restriktiven Maßnahmen haben einfallen lassen, annähernd nachkommen zu können, ist eine konsequente und arttypische Erziehung der einzelnen Rudelmitglieder zwingend notwendig geworden.

Es würde den Rahmen dieses Buches sprengen, die wesentlichen Erziehungs- und Ausbildungsschritte von Hunden darzustellen, zu diesem Thema ist umfangreiche Literatur auf dem Büchermarkt. Dennoch ist der Aufschrei eines Hundehalters in einem Magazin »Hilfe, ich will meinen Hund erziehen...!?« nicht ganz unberechtigt.

Mittlerweile gibt es zahlreiche Hundeschulen und Ausbildungsseminare, die einen Hundebesitzer fachlich kompetent unterstützen können.

Auf allgemeine Erziehungsfragen wird daher im Folgenden nicht umfassend eingegangen, sondern ausschließlich auf die einzelnen Aspekte, die speziell in der Erziehung der Hunde im Rudel zu beachten sind.

Allerdings scheint ein Hinweis auf den Umgang mit dem Begriff »Dominanz« und dem damit verbundenen Autoritätsverständnis erforderlich zu sein.

Die Rangposition eines Rudelhalters ergibt sich nicht zwangsweise aus einer permanenten Einforderung von Unterwerfungsgesten und des ständigen Abrufens von Unterordnungsübungen. Eine ausgeglichene Persönlichkeit, die mit ruhiger und gelassener Ausstrahlung den Hunden Sicherheit vermittelt und durch den täglichen Umgang die Bindung zu jedem Individuum in seinem Rudel fördert – dieser Bezugsperson wird die Leitfunktion seitens der Rudelmitglieder niemals angezweifelt werden.

Dies heißt konkret, dass ein durchschnittlich sozialisierter Hund nicht allein deswegen seinen Menschen automatisch als Rudelchef akzeptiert, nur weil dieser beispielsweise von ihm verlangt, nicht als Erster durch die Türe zu gehen, oder nicht auf das Sofa zu klettern... Auch ist es keine Garantie für das Erreichen der ranghöchsten Position, wenn die Hunde erst nach dem Essen für das Herrchen ihre eigene Futterration erhalten... Ob die Hunde im Bett schlafen oder nicht – das ist eine ganz persönliche Ermessensfrage eines jeden Einzelnen. Dadurch alleine wird die Stellung des Halters im Rudel nicht angezweifelt – Hunde suchen den Körperkontakt zu ihrem »Leittier«. Erst durch eine hohe – oft unbemerkte – Summierung dieser »Privilegien« kann ein selbstbewusster Hund eine Chefrolle zuhause ausbauen und übernehmen!

Weit wichtigere Komponenten sind ausschlaggebend, damit die Leitfunktion des Rudelhalters akzeptiert und auf Dauer anerkannt wird: Nämlich die beschützende Funktion in kritischen Situationen, die Handlungsstärke in Belangen des alltäglichen Lebens und die regelmäßige Sicherstellung der Nahrungsgrundlagen!

Ein Hunderudel kann man nicht als Gruppe gemeinsam erziehen, und nur in Einzelfällen kann ein Hund vom anderen die Dinge lernen, die für ein Überleben in unserer heutigen technisierten Zeit mit hoher Bevölkerungsdichte notwendig sind. Zwar erleichtert der Nachahmungseffekt manche Erziehungsübung – aber eine detaillierte Grunderziehung kann kein Hund einem anderen beibringen.

Jedes neue Rudelmitglied benötigt also eine separate Erziehungsphase, nach der Welpenspielgruppe sollte sich der Besuch einer Junghundegruppe anschließen. Selten können angehende Rudelhalter dieses Pensum an detaillierter Zuwendung und spezifischen Ausbildungsschritten alleine bewältigen – auch wenn sie dies zunächst glauben, hinterher aber meistens feststellen müssen, dass sie – trotz guten Willens – überfordert waren. Dann ist es aber oftmals schon zu spät, wertvolle Zeit ist vergeudet worden!

Die Junghundegruppe

Eine gute Junghundegruppe erkennt man daran, dass:

- Die Gruppe nicht zu groß ist (maximal 8 Hunde).
- Kein erwachsener, älterer Hund dabei ist.
- Das Alter der Hunde nicht zu sehr variiert, sondern eine Einteilung in Altersgruppen vorgenommen wird.
- Eine Unterteilung je nach Größe der Hunde erfolgt – beispielsweise kein Dalmatiner mit einem Malteser zusammengebracht wird.
- Kein Hund dabei ist, der ein stark gestörtes Sozialverhalten hat.
- Nicht nur auf dem Platz, sondern auch in Alltagssituationen geübt wird.
- Das Erlernen von Hör- und (!) Sichtzeichen vermittelt wird.
- Die Ausbildungssequenzen nicht nur vom Ausbilder und einem Teilnehmer-Hund gezeigt werden, sondern darüber hinaus der Besitzer mit seinem eigenen Hund arbeiten kann.
- Alle Hunde auf dem Gelände – nach den Lerneinheiten – auch miteinander spielen dürfen.
- Die Stimmung unter den Gruppenmitgliedern und zwischen Ausbilder und Teilnehmern locker und gelassen ist und nicht von bloßem Leistungsdruck geprägt wird.
- Stachelhalsbänder, Würgehalsbänder und Teletakt-Ausrüstung nicht erwünscht sind!

Der Gehorsam im Rudel

Zunächst ist unter den Bezugspersonen zu klären, wer von den Mitgliedern der Lebensgemeinschaft die Rolle des Rudelführers übernehmen wird. Die Hunde müssen sich an einem (!) Menschen als Leitfigur orientieren können – dieser verkörpert die ranghöchste Position in der Gruppe.

Gelingt ihm der Aufbau der Leitfunktion nicht, etablieren die Hunde ihre eigene Sozialstruktur – ohne bewusstes und aktives Zutun des Menschen!

Das Rudel erwartet vom menschlichen »Alpha«, dass er:

- Sicherheit vermittelt, indem er Ruhe, Gelassenheit und Selbstvertrauen ausstrahlt
- Stärke zeigt, indem er die Initiative übernimmt und Handlungen vorgibt, sowie auch beendet
- Wohlbefinden garantiert, indem er für Nahrung und Unterkunft sorgt

Nur wenn sich diese drei wesentlichen Erwartungen der Rudelmitglieder erfüllen, kann sich das notwendige Vertrauensverhältnis zwischen den Hunden und ihrem Menschen aufbauen.

Die Leitfunktion wird einem Rudelchef nicht geschenkt, er muss sie sich erarbeiten!

Wer also bereit ist, diese Herausforderung anzunehmen, der sollte auch möglichst viel mit den Hunden zusammen sein können – oder andersherum formuliert: Derjenige, der während des Tages am meisten Zeit für die Hunde aufbringen kann und will, der sollte auch das Sagen im Hunderudel haben.

Oftmals ergibt sich nämlich eine etwas groteske Situation. Insofern, dass nämlich die treibende Kraft hinsichtlich der weiteren Anschaffung von Vierbeinern eigentlich den ganzen Tag außerhalb des Hauses arbeiten geht und nur am Wochenende ausreichend Zeit für die Hunde hätte.

Dies bedeutet aber einen ständigen Führungswechsel in der »obersten Etage« – das tut weder einem Unternehmen gut noch der Rangstruktur in einem Hunderudel!

Wenn geklärt ist, wer die Führungsposition übernehmen wird, an diesen werden zwei entscheidende Anforderungen gestellt, wenn er denn den Aufgaben als »Erziehungsbeauftragter« gerecht werden will:

a) die Körpersprache der Hunde im Allgemeinen, und die seiner eigenen im Besonderen zu kennen, zu verstehen und richtig zu interpretieren
b) über ein schnelles und sicheres Reaktionsvermögen zu verfügen

Hunde realisieren sehr genau, wer sich mit ihnen beschäftigt, rund um die Uhr stehen die Bezugspersonen unter Beobachtung. Unabhängig davon, ob das dem Leittier Mensch und seinen Hilfspersonen bewusst ist oder auch nicht! Deren Körpersprache und Lautäußerungen signalisieren dem eingespielten Rudel alle menschlichen Stimmungen.

Wenn man genau hinschaut, bewegen sich Menschen in der Gruppe und Hunde in einem Rudel fortwährend in einer gewissen Wechselwirkung - basierend auf einer sensiblen Zeichengebung, die permanente Signale sendet oder empfängt.

Die Hör- und Sichtsignale

Bevor auf die wichtigsten Gehorsamsübungen eingegangen wird, ist der nochmalige Hinweis auf die Namenswahl wichtig.

Jeder Hund muss seinen eigenen Namen haben, den er gut kennt und der oft gebraucht wird. Und zwar überwiegend positiv besetzt – nicht nur dann, wenn er etwas falsch gemacht hat. Die Hunde sollten in der Lage sein, einzeln abgerufen zu werden und auf Kommandos individuell reagieren zu können. Indem man – z.B. bei drei Hunden – die Varianten für das Herankommen in: »Donna komm«, »Bella vamos« und »Lisa aquì« unterteilt, und als Hörzeichen für das gemeinsame Kommen »alle hierher« verwendet. Diese Möglichkeit der jeweiligen Kontaktaufnahme mit dem einzelnen Hund ist aus unterschiedlichen Gründen empfehlenswert:

- Da ein Rudel langsam aufgebaut wird, sind die jeweils älteren Hunde in der Gruppe schon erzogen, das heißt, sie beherrschen die wichtigsten Gehorsamszeichen. Sie reagieren sofort und befolgen die Anweisung korrekt. Und sie sind gewohnt, manchmal für ihr gutes Benehmen auch belohnt und belobigt zu werden.
  Wird nun ein weiterer Hund in das Rudel integriert, der noch erzogen oder in der Ausbildung korrigiert werden muss, ergibt sich ein Problem. Nämlich insoweit, dass bei einem einfachen Hörzeichen, wie beispielsweise nur »Komm« alle älteren Vierbeiner sofort anstürmen – in ungeduldiger Erwartung des Leckerlis – während derjenige, den es eigentlich betreffen sollte, nach wie vor in weiter Ferne ungestört im Maulwurfshügel buddelt... Man selbst wird ungeduldig und lauter... Die Braven vor den Füßen sitzend, verstehen die ganze Aufregung gar nicht, während der Neue sich immer noch nicht angesprochen fühlt...
  Dieses ist ein typisches Beispiel für die unzähligen Alltagssituationen, in denen ein einzelnes Rudelmitglied, losgelöst von der Gruppe, agieren sollte.
- Ein weiteres Problem ergibt sich durch eine undeutliche Verständigung, dass nämlich diejenigen Rudelmitglieder, deren Ausbildungsstand recht hoch ist, derartig verwirrt werden können, dass es zu einem Rückschritt im Gehorsamsverhalten kommen kann.
  Will man also keinen chaotischen Haufen Hunde um sich haben, ist es dringend anzuraten, einzelne Erziehungsmaßnahmen entweder für alle klar verständlich durchzuführen oder aber in separater Zuwendung den Neuzugang einzeln zu fördern. Beispielsweise in einer Junghundegruppe.
- Auch in Situationen, wo Lob oder Tadel einem einzelnen Hund gelten soll – und nicht der ganzen Gruppe – ist eine Unterscheidung durch den Rufnamen von großem Nutzen. Die munteren Mitbewohner begreifen dann sehr schnell, wer im Einzelnen gemeint ist, wenn sich irgendeiner von ihnen daneben benommen hat.
- Wer mit seinen Hunden zusammen sportliche Ambitionen hat und sie mit zum Reiten, Joggen oder Schlittenfahren mitnehmen will - für den ist die Benutzung verschiedenen Namen in Verbindung mit einem speziellen Signal ebenfalls notwendig. Beispielsweise für die Richtungsänderung in der Bewegung oder das Anhalten und Loslaufen. Auch ein Wechsel von einer Wegseite zur anderen, oder das Kreuzen hinter dem Fahrrad oder vor dem Pferd, kann von dem jeweils betroffenen Hund leichter und schneller vollzogen werden.
- Sowohl beim Verteilen der Halsbänder als auch während des Anleinens sind die Hunde einzeln herbeizurufen. Die Reihenfolge des Absitzens erfolgt nach der Rangordnung und erleichtert den Beginn des gemeinsamen Ausfluges. In der Regel haben es die Hunde ziemlich schnell begriffen, was vor dem Verlassen des

Hauses von ihnen erwartet wird – trotz aller Begeisterung für die zu erwartenden Erlebnisse draußen.
- Die Vergabe der Futternäpfe unterstützt die Rangstruktur umso mehr, indem man beim Absetzen des Napfes den Namen des jeweiligen Hundes laut nennt – und eventuelle Störenfriede, die andere bedrängen und zu hastigen Schlingern werden lässt, namentlich direkt sanktionieren kann.

Die wichtigsten Hör- und Sichtzeichen, die Hunde eines Rudels beherrschen sollten, sind:

Die Hörsignale:
- das zügige Herankommen
- bei Fuß laufen
- Platz und Bleiben – bis Abruf erfolgt

Die Sichtzeichen:
- das Sichtzeichen für das Herankommen:
  mit abgewinkeltem Arm und nach innen gerichteter Handfläche zu sich winken
- das Sichtzeichen für »bei Fuß« laufen:
  mit gestreckten Armen und ausgestreckten Zeigefingern nach unten – neben das Knie – weisen
- das Sichtzeichen für »Platz und Bleiben«:
  mit beiden ausgestreckten Armen und Händen von oben nach unten weisen, anschließend die offenen Handflächen mit der Innenseite nach außen halten, und vom Gelenk deutlich abwinkeln - damit wird das »Bleiben« optisch unterstrichen.

Ohne faire Maßregelungen, die bei Verletzungen der Kompetenzen notwendig sind, gerät jede Rudelhaltung außer Kontrolle.

Spielerische Gehorsamsübungen können an jedem Ort und jederzeit in den Tagesablauf mit einbezogen werden. Ob im Haus, von einem Zimmer in das nächste, oder im Garten um die Bäume herum, oder während eines Spazierganges – man muss jedenfallls dafür nicht unbedingt auf einen Hundeplatz. Wichtig ist, dass die Hunde zunächst frei laufen, sich lösen und ein wenig toben konnten, bevor man von ihnen eine Konzentrationsübung verlangt.

Zur individuellen Motivation sollte der Ausbilder immer eine Tasche voll Leckerlis dabei haben. Diese Belohnungen müssen - neben dem stimmlichen Lob unter Benutzung des Namens – dem betreffenden Hund bei erfolgreicher Befolgung des Signals blitzschnell (!) gegeben werden können. Nur bis zu maximal zwei Sekunden Zeit darf zwischen einer korrekten Handlung und deren positiver Bestätigung liegen.

Ablenkungen durch die Anwesenheit fremder Hunde sollten generell in Lernsituationen verhindert werden. Sonst meinen die eigenen Hunde unter Umständen, sie könnten im Eifer des Geschehens die Kommandos ihres Rudelchefs einfach ignorieren.

Wer mit mehreren Hunden üben will, der sollte anfangs darauf achten, möglichst keine Konkurrenzsituation aufkommen zu lassen. Die Trainingseinheiten müssen immer in Ruhe und ohne Hektik angegangen werden – und nicht zu lange andauern.

Auch muss auf die individuellen und rassespezifischen Eigenschaften und Verhaltensweisen der einzelnen Hunde Rücksicht genommen werden. Ein »Kromfohrländer« hat nun mal ein lebhafteres Temperament, als ein »Leonberger« – beide Typen brauchen zum Erlernen eines Hör- oder Sichtsignales unterschiedliche Bedingungen. Während der Erstere von beiden mit quirliger und aktiver Aufmerksamkeit schnell begreift, was von ihm erwartet wird, braucht der Zweitere einfach mehr Zeit und Geduld für manche Reaktionen.

Da in der Regel der Ersthund weitestgehend ausgebildet ist, ergibt sich ein gewisser Nachahmungseffekt bei den anderen Rudelmitgliedern, der aber nicht für alle Übungen zu nutzen ist. Schwieriger wird es nämlich, wenn ein einzelner Hund ein Signal alleine befolgen soll. Um sichere Reaktionen zu erreichen, ist im Vorfeld das Training mit dem jeweiligen einzelnen Hund unerlässlich. Erst wenn dieser beispielsweise das »Platz und Bleib« alleine sicher beherrscht, kann man dieses Verhalten von ihm auf Kommando auch in der Gruppe erwarten, wie die Border Collies auf dem Foto zeigen.

Wenn alle Hunde auf ein Kommando, wie zum Beispiel »Kommen« gleichzeitig abgerufen werden, erfolgt eine Belohnung für jeden. Wird nur ein einzelner Hund aus der Gruppe mit seinem Namen abgerufen, aber die anderen kommen ebenfalls angerannt, dann verteilt man an den Gehorsamen sofort ein Leckerli, der Rest der Gruppe muss für die Belohnung dann eine eigene Leistung wie »Sitz« oder »Platz« erbringen. Befolgen die anderen Hunde ihr eigenes Hör- und Sichtzeichen korrekt, indem sie bei-

spielsweise im »Platz« verweilen, kann nur ein ausgiebiges stimmliches Lob erfolgen, das aber laut und deutlich erfolgen muss. Die Belohnung wird am »Platz« gegeben. Belohnt wird jeder grundsätzlich nur für eine klar erbrachte Leistung!

Es ist nicht nur für die Hunde eine Konzentrationsübung – auch für den Rudelhalter ist die Ausbildungsphase anstrengend. Die Hör- und Sichtsignale müssen kurz, prägnant und klar formuliert und durchgeführt werden können – vor allem dann, wenn von den Hunden unterschiedliche Handlungen verlangt werden.

Grundsätzlich ist darauf zu achten, dass man den Leithund im Rudel möglichst auf dem besten Ausbildungsniveau hält und dieses stetig weiter entwickelt. Dies ist nicht nur für die Schlittenhunde oder eine Jagdmeute relevant, sondern muss auch in einem normalen Haushunderudel praktiziert werden. Die angeleinte Gruppe ist unterwegs leichter zu steuern, wenn man auf dem Bürgersteig den zuverlässigen Leithund von hinten stimmlich links um die Kurve schicken kann, und der Rest des Rudels folgt ihm vertrauensvoll nach. Es ist nämlich nicht immer gewährleistet, dass man in alltäglichen Situationen selbst die Richtung vorgeben kann – daher ist die intensive Zusammenarbeit mit dem Leithund und dessen Bindung stets zu fördern und weiter zu spezifizieren!

Als Trainingseinheit lässt sich folgende Übung schildern:

Um beispielsweise dem Leithund beizubringen, wie das stimmliche Kommando von hinten befolgt werden soll, steckt man sich einen Kreis von etwa 20 Metern ab, der durch zwei Längsachsen von Osten nach Westen und von Süden nach Norden durchquert wird.

Man nimmt dafür den Hund am besten an einen Bauchgurt, oder an eine lange Leine, und lässt ihn von Süden nach Norden auf dem Längsstreifen vor sich herlaufen. Kurz vor der Kreuzung erfolgt das Signal. Durch das laute Hörzeichen »links« und unterstützt durch eine zeigende Bewegung mit dem linken Arm, dreht man den Oberkörper – deutlich sichtbar – ebenfalls nach links und läuft auf den Querstreifen von Osten nach Westen. Am Ende dieses Streifens erfolgt wiederum dieselbe Variante – so oft, bis eine erkennbare Reaktion des Hundes erfolgt, indem er sicher voraus läuft und richtig abbiegt. Die gleiche Übung kann natürlich genauso mit dem Kommando »rechts« absolviert werden, ebenso das Geradeaus laufen (»Voran«), das Anhalten (»Halt«) oder das Zurücktreten.

Beherrscht der Leithund diese Übungen, können die anderen Rudelmitglieder nach und nach dazu genommen werden.

Diese Ausbildungseinheiten dürfen nur in kurzen Abständen durchgeführt werden, um die Hunde nicht zu überfordern oder ein Desinteresse aufkommen zu lassen. Der Abschluss sollte immer mit viel Lob verbunden sein und in harmonischer Atmosphäre beendet werden.

Die Leinenführigkeit

Nicht nur das Erlernen dieser wesentlichen Kommandos in der Grundausbildung ist im Umgang mit einem Hunderudel notwendig, sondern auch die uneingeschränkte und korrekte Leinenführigkeit aller vierbeinigen Begleiter.

Hierbei ist es besonders von Vorteil, wenn die bisherigen Vertreter diese Koordinationsübung schon beherrschen – ein ständiges Leinenknäuel, womöglich noch in der Begegnung mit anderen Hunden, strapaziert die Nerven aller Beteiligten ziemlich.

Selbst wenn man mit seinem Rudel etwas außerhalb städtischen Lebens wohnen sollte – bestimmte Regionen schreiben zu unterschiedlichen Zeiten nun mal gesetzlichen Leinenzwang vor. Außerdem gibt es auch auf dem Land genügend Alltagssituationen, in denen alle Hunde angeleint werden sollten – und wenn man nur an einer Bushaltestelle mit wartenden Kindern vorbeilaufen muss.

Bewährt haben sich für die ausgebildeten Hunde die so genannten Koppelleinen, an denen jeweils zwei Exemplare nebeneinander laufen können, die aber nur eine gemeinsame Führleine haben. Junge Hunde und Hunde, die erst an das Rudel gewöhnt werden müssen, sollten nicht direkt an einer Koppel angeleint werden - wichtig ist vielmehr, dass sie im freien Lauf lernen, ihr Tempo neben dem Rudelführer zu finden und nicht permanent nach allen Seiten zu ziehen. Während man also zwei Hunde bequem auf einer Seite an die Koppel nehmen kann, ist es gut möglich, auf der anderen Seite einen oder zwei weitere Hunde mit einem Brustgeschirr oder einer Schleppleine zu Ausbildungszwecken zu führen.

Ein Bauchgurt eignet sich für einen Jogger mit einzelnem Hund prima – mit mehreren Hunden wird das ein gewagtes Unternehmen. Selbst wenn sich die Hunde nicht miteinander verheddern sollten – bei einem gemeinsamen, zünftigen Meute-Start liegt der Jogger im Dreck oder wälzt sich mit seinem Rudel durch den Schnee! Das kann für alle Beteiligten gefährlich werden.

Die Ausbildungsschwerpunkte

Die Ausbildungsschwerpunkte in der Erziehung eines Rudelhundes sollten einerseits die Entwicklung des Sozialverhaltens fördern, andererseits einer vorhandenen Umweltunsicherheit bewusst entgegenwirken. Nur dann erhält man einen wesensstarken Hund, der sich mit seinen Artgenossen klar verständigen kann und in alltäglichen Situationen gelassen reagiert.

Zwar ist das Verhalten eines Hundes auch genetisch bedingt, aber gerade in diesen beiden entscheidenden Punkten kann eine kompetente Einflussnahme des erziehenden Menschen besonders wirksam sein.

Die beiden Aspekte »Sozialverhalten« und »Umweltsicherheit« sind deswegen besonders hervorzuheben, weil diese bei mangelnder Beachtung in der Welpen- und Junghundphase das Angstpotenzial und die Aggressionsbereitschaft unter ihresgleichen und gegenüber Menschen entscheidend beeinflussen können.

Die Gehorsamsübungen sind sicherlich ebenfalls wichtig – aber wenn ein Hund im Rudel die Sprache seiner Kumpanen nicht versteht, weil er das mit seinesgleichen nicht ausreichend üben konnte, dann hat man als Rudelführer ein viel größeres Problem, als wenn dieser Hund auf Kommando nicht absitzen will.

Auch wenn der Rudelhund bei jedem Kontakt mit andersartigen Fremden nervös wird oder in der Begegnung mit den Dingen des Alltags verstört reagiert, weil er ständig nur in einer reizarmen Umwelt gehalten wurde – dann sind Angstverhalten und damit verbundene aggressive Handlungen vorprogrammiert. Und genau die gilt es zu verhindern – gerade dann, wenn man mit mehreren Hunden unterwegs ist. Denn es gibt leider das Phänomen der Stimmungsübertragung – wenn nicht nur ein Hund kläffend losstürmt, sondern gleich eine ganze Meute, dann wird's kritisch...!

Generell ist festzuhalten, dass Aggressionen untereinander und gegenüber fremden Hunden nie ganz und gar auszuschließen sind – sie gehören nun mal zu einem typischen Hundeleben. Es ist allerdings immer zu hinterfragen: Warum sind sie entstanden? Werden sie durch irgendetwas gefördert? Was kann man dagegen unternehmen?

Das Verhalten im Rudel

Verständigungsschwierigkeiten in einem Rudel und die daraus entstehenden Konfliktsituationen können häufig vorkommen. Auch die Kontaktaufnahme zur Umwelt ist nicht immer nur von harmonischer Atmosphäre geprägt.

Beispielsweise sind im alltäglichen Zusammenleben des Rudels folgende Situationen typisch für atmosphärische Störungen:

- In der Nähe der gemeinsamen Bezugsperson können Rangeleien entstehen – besonders wenn es um die Intensität der Zuwendung geht und die Verteilung von Streicheleinheiten und Belohnungen. Deswegen ist es sinnvoll, sich bei allen direkten Kontakten zu den Hunden an die jeweilige Rangfolge zu halten.
- Auch Platzvorteile in der Nähe des Menschen wollen gelegentlich gesichert werden. Vor allem wenn es zu Fresszeiten, Ruhephasen und Schlafzeiten um den nächst möglichen Körperkontakt zum ranghöchsten Rudelmitglied geht. Entstehen in diesen Tagesphasen ernsthafte Auseinandersetzungen, ist klares Handeln zur Erhaltung des Burgfriedens gefragt.
- Bei der Futtervergabe und beim Fressen – genügend Raum muss vorhanden sein, damit ein Individualabstand eingehalten werden kann. Und es sollten die Fressnäpfe immer in derselben Reihenfolge, unter Beachtung der Rangstruktur, verteilt werden. Es ist ratsam, sich während der Futteraufnahme in der Nähe der Hunde aufzuhalten, um Ruhe zu garantieren. Hektisches Fressen, das von Rangeleien begleitet wird, ist auch aus gesundheitlichen Gründen zu vermeiden. Und noch etwas: die Bezugsperson darf jederzeit – und ohne Murren – den Fressnapf wegnehmen!
- Unruhe entsteht gerne am Hauseingang – wenn es klingelt und Besuch kommt oder beim Vorbereiten zum Ausgehen. In diesen Situationen ist die Handlungs-Vorgabe möglichst immer in gleichen Ritualen vorzunehmen: In der Rangfolge abliegen lassen und erst nacheinander wieder abrufen zum sortierten

Begrüßen oder korrekten Anleinen – sonst hat man ein ewiges Geknäuel und Gerangel an der Haustüre.

- Auch während des Spielens kann es zu Meinungsverschiedenheiten kommen. Sofern man selbst die jeweiligen Vorlieben für das Lieblingsspielzeug ignoriert, herrscht meistens Konsens untereinander. Hunde können sich sehr gut mit sich und ihren Kumpels beschäftigen. Auch wenn es manchmal in der Lautstärke etwas deutlicher wird – das gehört zu einem normalen Hundespiel dazu.
  Wenn die Hunde im Rudel aktiv mit einem Spielzeug umgehen, darf man selbst eines dieser Teile niemals der Meute zum Fangen oder ähnlichen Bewegungsspielen anbieten. Es entsteht sonst sofort eine Konkurrenzsituation, die zu erheblichen Auseinandersetzungen untereinander führen kann. Insbesondere dann, wenn das Rudel gerade erst einen Neuzugang hat.
  Jedes Spielzeug muss sich in allen Situationen widerspruchslos entfernen lassen!
- Auch das Spielen im Freien sollte immer unter dem Blickwinkel verlaufen, keinen der einzelnen Hunde zu bevorzugen oder die Hunde in eine Art Wettkampf eintreten zu lassen. Dies ist nur dann – eventuell – möglich, wenn die Rudelmitglieder sich schon lange kennen und ihre Sozialstruktur ausgesprochen stabil ist.
  Grundsätzlich wird jeder Spielvorgang vom Rudelführer initiiert – aber auch wieder beendet. Ein hohes Privileg, dass sich die Bezugsperson nicht nehmen lassen darf.
  Im häuslichen Bereich und seinem Umfeld ist die Einflussnahme der Bezugspersonen auf das Stimmungsbarometer erheblich leichter umzusetzen, als dies außerhalb des gewohnten Lebensraumes möglich ist.
- Der Aufenthalt in der freien Landschaft kann zu Konflikten führen, wenn das Rudel besondere Jagdleidenschaften entwickelt. Die Kombination von unkontrolliertem Jagd- und (!) Meutetrieb kann verhängnisvolle Auswirkungen haben, die vom Rudelführer eventuell nicht mehr zu steuern sind.

Es ist daher von enormer Bedeutung, wenn man erstens als Leithündin keinen Jagdhund hat und man zweitens bei der Auswahl der anderen Kumpanen auf eine möglichst geringe Jagdpassion Wert legt. Jeder noch so unscheinbare Versuch, irgendetwas hinterherzulaufen – seien dies auffliegende Vögel oder kletternde Eichhörnchen – muss im Keim erstickt und sanktioniert werden. Die Waldwege dürfen nicht verlassen werden und die Hunde sich nicht mehr als etwa sechs Meter vom Rudelführer entfernen. Nur dann sind sie innerhalb von Sekunden noch abrufbar. Wer gar nicht hören will – den sollte man konsequent mit der Schleppleine trainieren. Und im Übrigen meidet man als verantwortungsvoller Tierfreund mit seinem Hunderudel zwischen April und August prophylaktisch den Wald – es sei denn, alle sind an der Leine!

- Bei Begegnungen mit anderen Hunden – seien es einzelne Exemplare oder ebenfalls mehrere Vierbeiner – ist die Häufigkeit von heiklen Situationen besonders hoch. Diese Tatsache sollte man nicht herunterspielen oder etwa verharmlosen.
  Gerade in der Eingliederungsphase des Neulings gestalten sich diese Zusammentreffen mit fremden Artgenossen meistens etwas aufregender als gewöhnlich. Insbesondere, wenn ein Welpe zum Rudel hinzugekommen ist, entwickeln die Kameraden eine beschützende Haltung, die sich durch eine ausgesprochen feindliche Abwehr von interessierten Kontaktversuchen anderer Hunde auszeichnet.
  Selbst wenn man der Meinung ist, die eigenen Hunde seien verträglich gestimmt – das muss für die entgegenkommenden Vierbeiner noch lange nicht gelten...! Gerade dann, wenn die Fremden vielleicht gar keine Welpen leiden können. Weil man dies leider von ferne nicht beurteilen kann, ist es in diesem Falle besser, den Kleinen anfangs noch schützend auf den Arm zu nehmen.
  Derjenige Rudelhalter ist immer im Vorteil, der die Körpersprache der eigenen, aber auch die der fremden Hunde, interpretieren und beurteilen kann. Auch ein hohes Maß an Menschenkenntnis ist sehr förderlich, wenn ein Zusammentreffen mit fremden Zwei- und Vierbeinern ansteht.
  Kommt das Herrchen mit einem einzelnen Hund an der Leine schon von weitem winkend auf einen zu spaziert, dann sollte man in jedem Falle seine eigenen pfotigen Begleiter abrufen und ebenfalls anleinen – egal ob es sich um zwei oder vier Hunde handelt. Meistens hat zwar das Herrchen mehr Angst vor der »bedrohlichen Meute« als sein Hund – aber diesbezüglich ist es empfehlenswert, einfach Rücksicht zu nehmen und Auseinandersetzungen aus dem Wege zu gehen.
  Die eigenen Hunde müssen für solche Fälle dahingehend trainiert werden, andere Artgenossen ohne »Angriffsversuche« zu kreuzen – ein Standardprogramm in jedem Junghundekurs.

Kommt das Herrchen mit einem abgeleinten Hund interessiert auf die eigene Gruppe zugelaufen, kann man in der Regel davon ausgehen, dass der unbekannte Hund den Umgang mit Gleichgesinnten kennt und weiß, wie er sich zu verhalten hat. Dennoch ist es ratsam, die eigenen Begleiter zunächst abzurufen, damit sie nicht geschlossen auf den Fremden losstürmen können.
Kommt das Herrchen ebenfalls mit mehreren Hunden an der Leine entgegen, dann sollte man seine eigene Truppe ebenfalls geschlossen abrufen und an der Hundeleine laufen lassen. Und möglichst mit einem gewissen Abstand zu den anderen zügig diese Gruppe passieren. Oder eine andere Wegrichtung einschlagen. Angeleint potenziert sich Imponiergehabe nun mal – auf beiden Seiten!
Kommt das Herrchen gelassen und mit mehreren frei laufenden Vierbeinern des Weges daher, so sollte man trotzdem sein Rudel frühzeitig zu sich heranholen – dadurch vermeidet man eine allzu heftige Begrüßung, und kann die ganze Aktion – unter eigener Kontrolle – von Anfang an in ruhigeres Fahrwasser lenken.
Begegnen sich Menschen und Hunde, die sich gut kennen, ist das Begrüßungsritual ziemlich eingespielt und jeder kennt die Reaktionen des anderen recht genau. So ein Kameradenrudel ist zwar auch ständig mit spielerischen Rangeleien beschäftigt, aber selten führt dies zu ernsthaften Auseinandersetzungen.
Es wird höchstens dann kritisch, wenn entweder ein Neuling zur Spazier-Gruppe dazu stößt – oder die tobende Horde unvermittelt auf einen fremden, verunsicherten Hund trifft.

Das Mobbing-Verhalten und die Meuteaggression
Bei jedem Zusammentreffen von mehreren Hunden gibt es zwei konfliktreiche Verhaltensweisen, die sowohl unter Artgenossen die sich kennen, als auch gegenüber fremden Hunden auftreten können.

In folgenden beiden Fällen müssen die jeweiligen Rudelführer eingreifen beziehungsweise darauf achten, dass diese rudeltypischen Verhaltensweisen erst gar nicht entstehen können:

a) anhaltendes Mobbing-Verhalten

b) unmittelbare Meute-Aggression

Diese beiden gruppendynamischen Vorgänge sind unter Hunden jeden Alters, jeden Geschlechtes und jeder Rasse möglich – sie entstehen aber nicht urplötzlich, sondern sind vorhersehbar.

In beiden Fällen ist es möglich, anhand von gezielter Beobachtung die ersten Anzeichen unter den Hunden durch deren Körpersprache wahrzunehmen. In den meisten Fällen senden die betroffenen Opfer deutliche beschwichtigende Signale aus, um die schwierige Situation zu entschärfen. Es ist eine unauffällige Körpersprache, die nicht den frontalen Kontakt zum Gegenüber sucht.

Die Opfer solcher Attacken sind oftmals unsichere oder ängstliche Hunde, sie benehmen sich in einer Gruppe eher unterwürfig und zeigen Unsicherheitsgesten wie beispielsweise die Vermeidung des Blickkontaktes, angelegte Ohren und ein gleichzeitiges Abducken des Körpers.

Die Angreifer haben meistens einen Initiator, der zusammen mit den anderen Kumpels zunächst austestet, inwieweit man gemeinsam aktiv werden kann, um das Opfer zu bedrängen – beispielsweise durch Bewegungseinengung. Reagiert der ausgesuchte Artgenosse direkt in seinem ängstlichen Verhaltensmuster, beispielsweise durch Wegschauen, sich Wegdrehen oder gar Davonlaufen, dann können entweder die Mobbing-Attacken intensiviert, oder direkt zum Angriff geblasen werden. In den meisten Begegnungen zeigt aber ein erfahrener, sozialverträglicher Hund sichere Reaktionen in Form von Verteidigungshandlungen und deutlichen Beschwichtigungsgesten. Dann löst sich nach einigem Gerangel und Gebell die Gruppe in Wohlgefallen wieder auf.

Es ist nicht immer zwingend notwendig, aufgrund einer harmlosen Rangelei – die in der Begegnung mit anderen Hunden ständig entstehen kann – sofort dazwischen gehen zu müssen. Die hundetypische Mimik, Gestik und die Lautäußerungen eines spielenden Rudels stellen sich für den menschlichen Betrachter manchmal ziemlich aggressiv dar – sind sie aber in der Regel gar nicht. Es sind überwiegend körperliche Rituale, die den Umgang miteinander bestimmen und letztendlich die Rangfolge festlegen.

Während man mit einem geschulten Auge die ersten Anzeichen von Mobbing-Verhalten gut erkennen und vor allem auch bewusst beeinflussen kann ist die tatsächliche Meuteaggression fast nicht mehr zu stoppen. Sie startet in Sekundenschnelle und ist für alle Beteiligten nicht ungefährlich.

Auf anfängliche Zeichen von anhaltenden Mobbing-Attacken muss ein Rudelführer sofort korrigierend und sanktionierend reagieren. Nur dann besteht die Chance auf Schadenbegrenzung. Die Hunde in einer Gruppe, die unbemerkt andauernder psychischer und physischer Bedrängnis durch andere Rudelmitglieder ausgesetzt sind, können im Laufe der Zeit entweder schwer erkranken oder zeigen abnormale Reaktionen.

Eine Meute-Aggression zu unterbinden – das ist fast nicht möglich. Einzig und allein eine forsche und unmissverständliche Dominanz des Rudelführers kann sie vielleicht noch im Ansatz abwenden. Sind die Hunde aber erst einmal übereinander hergefallen, dann fliegen die Fetzen. Sie befinden sich dann in einer höchst erregten Verfassung und sind nicht mehr ansprechbar. Zum eigenen Schutz kann man lediglich versuchen, beim Nachfassen des beißenden Initiators dessen Hinterbeine vom Boden wegzureißen – selbst dann kann es passieren, dass der eigene Hund in seiner Rage zuschnappt.

Wer mit einem Hunderudel lebt, und sich mit diesem in der Öffentlichkeit bewegt, muss mit solchen arttypischen Auseinandersetzungen rechnen und gleichwohl wissen, wie er damit umzugehen hat. Die Einstellung, man »solle die Hunde das alles unter sich regeln lassen« zeugt von wenig Hundeverstand und mangelndem Verantwortungsgefühl!

Kapitel VII
RUDELHALTUNG UND FREIZEITGESTALTUNG

Diejenigen Menschen, die sich mehrere Hunde halten möchten, sollten bewegungsfreudig und sportlich veranlagt sein. Witterungsunabhängig und zu jeder Tages- und Jahreszeit bereit, müssen Rudelhalter in der Lage sein, zusammen mit ihren Hunden deren Bewegungsdrang und Spielbedürfnis befriedigen zu können.

Lediglich ein riesiger Zwinger – und sei er noch so abwechslungsreich gestaltet – dient nicht als Ersatz, um den physischen und psychischen Ansprüchen eines Hunderudels gerecht zu werden. Zwar haben die Tiere rund um die Uhr Kontakt mit ihren Artgenossen, was ein wichtiges Detail des psychischen Wohlbefindens ausmacht, aber dies ersetzt noch lange nicht eine erfüllte Aufgabenleistung für ihren Herrn und stillt auch bei den meisten Rassen den Bewegungsdrang nur begrenzt. Nicht zu unterschätzen ist das Bedürfnis der Hunde, im freien Gelände ihre artspezifischen Sinneswahrnehmungen zu schärfen und ihnen detailliert nachzugehen.

Zahlreiche Möglichkeiten der Freizeitgestaltung mit mehreren Hunden bieten sich über das ganze Jahr verteilt zur Genüge an. Man sollte allerdings die Zeit zur Verfügung haben, um diesen sportlichen Alternativen zusammen mit seinem Rudel nachkommen zu können.

Winteraktivitäten mit dem Hunderudel

Das Fahren mit dem Hundeschlitten

Wer Schlittenhunde halten will, der sollte sich im Vorfeld ein paar Gedanken über die zukünftigen Einsatzmöglichkeiten seiner Hunde machen. Zu entscheiden wäre da hauptsächlich, ob man sich beispielsweise an schnellen Rennen mit hohen Anforderungen erfolgreich beteiligen will, oder vielleicht eher nur Mittel- oder Langstrecken-Distanzen mit seinem Hundeschlitten zurücklegen möchte. Oder hat man lediglich den Wunsch, mit einem kleinen Gespann gemächlich durch den verschneiten Wald zu fahren?

Anhand der individuellen Träume sollten sich die konkreten Kaufentscheidungen bezüglich der Rasse und der Anzahl der jeweiligen Schlittenhunde orientieren!

Wer also in den Rennsport einsteigen möchte, der ist sicherlich mit einem größeren Gespann von Alaskan oder Siberian Huskys gut beraten. Wem aber eher längere Gelände–Touren vorschweben, der sollte sich für mehrere Alaskan Malamutes oder Grönlandhunde entscheiden. Und wer nur zum reinen Vergnügen und wegen des Naturerlebnises mit seinen Schlittenhunden unterwegs sein will, dem sei beispielsweise zu zwei oder drei Samoyeden geraten.

Das Pulka-Gespann

Nicht nur als Gespann vor dem Hundeschlitten, sondern auch zu zweit oder zu dritt vor dem so genannten »Pulka« – einem speziellen Lastenschlitten – ist das Freizeitvergnügen für einen geübten Langläufer garantiert. Egal ob zur Beteiligung an einer wettkämpfmäßigen Veranstaltung oder nur zum Fahrvergnügen in der Natur – die Hunde sind in ihrem Element und werden gefordert.

Der Pulka – ein aus Skandinavien stammender bootsförmiger Schlitten aus Holz oder Kunststoff – hat ein Zuggestänge, dass durch eine lange Leine am Bauchgurt des Skilangläufers befestigt ist. Auf gespurter Strecke läuft der, möglichst geübte, Langläufer hinter dem Gespann her - manche Veranstalter von Plausch-Tunieren bauen in den Parcours auch noch diverse Hindernisse, wie Slalomstrecken oder Brückenüberquerungen ein...!

Das Lastenziehen

Damit die Hunde stets im Training sind, kann man mit ihnen als Gespann auch verschiedene Lasten ziehen – ein Vielfaches des eigenen Gewichtes kann ein trainierter Schlittenhund durch den Schnee bewegen – bis zum Zehnfachen des Eigengewichtes! Je mehr nordische Hunde also vor dem Schlitten laufen, desto höher ist die enorme Zugkraft. Aber Vorsicht, ungeübte Schlittenführer sollten nur auf ebenem Gelände solch ein Zugleistungstraining durchführen. Zu schnell kann die Last sich verselbstständigen und von hinten in die Beine der Hunde und das Zuggeschirr hinein geraten.

Auch in dieser Disziplin werden Wettkämpfe auf Zeit ausgetragen, wobei die Distanzen meistens etwa zwei Kilometer betragen.

Die Schneewanderungen

Auch ausgiebige Schneewanderungen mit mehreren Hunden sind eine gute Alternative, um der Bewegungsfreude der nordischen Hunde gerecht zu werden und gemeinsame Aktivitäten im naturnahen Gelände umsetzen zu können.

Nicht nur zur Winterszeit, sondern in allen Jahreszeiten sind Wanderungen mit Schlittenhunden möglich – aber immer nur mit Brust- oder Bauchgurt versehen (Jagdpassion!). Dieser Bauchgurt besteht aus einer Art Gürtel zum Umschnallen, der mit einer oder mehreren Ösen versehen ist, an denen die Leinen – auch von unterschiedlicher Länge – befestigt werden können. Dies hat den großen Vorteil, dass man freihändig laufen kann und die Hunde trotzdem gesichert sind.

Es gibt darüber hinaus spezielle Packtaschen für diese Hunde, sodass sie als Lastenträger für Bergtouren oder während Langstrecken-Wanderungen einen wichti-

Grönlandhunde auf dem »Aletsch-Gletscher«

gen Arbeitseinsatz leisten können. Aktuelle Modelle gibt es auch mit eingebautem Wasserkanister im Fachhandel zu kaufen. Allerdings darf das Gesamtgewicht des Packmaterials höchstens ein Drittel des Körpergewichtes vom Hund betragen. Auch ist es empfehlenswert, zunächst einmal zu testen, inwieweit es die Hunde akzeptieren, wenn ihnen ein Packgurt umgelegt und festgezurrt wird – nicht jeder ist als Tragtier geeignet und übernimmt eine Last problemlos. Die Packtaschen müssen der Hundegröße angepasst sein und fest am Körper anliegen – nicht flattern, nicht verrutschen oder irgendwo scheuern.

Grönlandhund

Alaskan Malamutes vor dem Sommerwagen

Kombiniert man diese Touren im Winter noch mit einem Tiefschneeschlitten, dem die Hunde vorgespannt werden können oder den man selbst zieht, dann ist das naturnahe Wandererlebnis perfekt.

Aber nicht nur im Winter fordern die Schlittenhunde ihren Tribut als Dauerläufer – auch in anderen Jahreszeiten muss ein Musher zu bewegungsintensiven Ausflügen bereit sein.

Das Fahren mit dem Sommerwagen

Diesen Trainingswagen gibt es in verschiedenen Variationen zu kaufen – oder man bastelt sich ein solches Gefährt einfach selbst. Auf drei oder vier Gummirädern ist ein Gestänge konstruiert, auf dem man stehen oder/und sitzen kann und eine zweite Person mitgenommen werden könnte. Die verschiedenen Modelle eignen sich sowohl für geteerte Feldwege als auch für anspruchsvolle Cross-Touren durch die Wälder und Wiesen der heimischen Prärie. Es gibt Spezialisten, die eigenwillige, aber durchaus geländegängige Baukonstruktionen entwickelt haben, die hochgradigen Anforderungen gerecht werden und mit denen man acht- oder zehnspännig ganz schön auf Tempo kommt...!

Wintersport mit anderen Hunderassen

Grundsätzlich lieben die meisten Hunderassen das Toben im Schnee – sofern sie gesund sind und insbesondere keine Gelenkprobleme haben, kann man auch mehrere Hunde zu wintersportlichen Aktivitäten mitnehmen – auch zum ***Skijöring.***

Viele Wintersportorte haben längst das Bedürfnis von Hundehaltern erkannt, zusammen mit ihren Hunden auch Ski zu fahren. Daher trifft man immer häufiger auf die Ausweisung von besonderen Hundeloipen. Auf diesen gespurten Strecken können Langläufer ihre Hunde entweder frei oder am Bauchgurt mitnehmen – Begegnungen mit anderen Hunden sind da allerdings vorprogrammiert...! Denn die Freunde des Schlittenhundesports nutzen diese Möglichkeit des Trainings mit ihren Hunden ebenso, wie andere Hundehalter mit ihren Einzelhunden. Manchmal befinden sich auch Hinweisschilder an diesen Strecken, die das allgemeine Anleinen der Hunde empfehlen.

Auf das Schlittenfahren muss man aber nicht verzichten, nur weil man keine Huskies oder Grönländer hat. Nicht nur nordische Hunde eignen sich als Zugtiere vor einem Wagen oder Schlitten. Beispielsweise kann man ohne weiteres zwei starke Berner Sennenhunde vorspannen – mit dem entsprechenden Zuggeschirr selbstverständlich. Diese Hunde wurden in früheren Zeiten auch zum Ziehen der Milchkarren auf Kufen verwendet.

Für ***Wanderungen mit Schneeschuhen*** eignen sich nicht so sehr kleinere Hunde - sie sind körperlich zu schnell überfordert. Auch ist es letztendlich eine Rassenfrage, inwieweit man mit seinen Hunden die weiße Winterpracht intensiv genießen kann. Kurzhaarige Hunde, wie beispielsweise Dalmatiner, sollten immer in Bewegung bleiben und im Schnee nicht zu lange abliegen müssen. Geschorene Hunde verfügen über keinen ausreichenden Kälteschutz - ein Mäntelchen ist kein Ersatz für dichtes Fell am ganzen Körper.

Aber mit kräftigen und großen Hunden, beispielsweise Schäferhunden, die zudem noch über eine gute Kondition verfügen, bedeutet der gemeinsame Wintersport für das ganze Rudel ein tolles Freizeiterlebnis.

Das Sacco-Cart

Als Alternative kann sommers wie winters auch das Fahren mit einem so genannten »Sacco-Cart« durchgeführt werden. Es eignen sich auch hierfür eher mittelgroße Hunde, die sich gerne in ein solches Fahrgestänge mit Deichsel einspannen lassen und unter den eingeschränkten Bewegungsmöglichkeiten keine Panik bekommen. Ähnlich wie auf einem Sommerwagen für Schlittenhunde, können auch bei diesem Gefährt zwei Begleiter entweder jeweils sitzen oder fahren.

Sommeraktivitäten mit dem Hunderudel

Während im Frühjahr und im Herbst aus klimatischen Gründen eher bewegungsintensive Betätigungen angebracht sind, eignet sich der Sommer – insbesondere bei lang anhaltenden Hitzerekorden – kaum noch für schweißtreibende Aktivitäten. Am frühen Morgen ein wenig gemeinsam laufen und joggen oder mit dem Fahrrad fahren – damit ist meistens die Bewegungsfreude schon ausgereizt.

Dies gilt nicht für Hunde, die gerne schwimmen und das Wasser lieben! Abgesehen davon, dass Schwimmbewegungen für den Hundekörper außerordentlich gesund sind, verschaffen diverse ***Wasserspiele*** auch die ersehnte Abkühlung.

Besonders Hunde, die ursprünglich für die Wasserjagd gezüchtet wurden – beispielsweise Labrador oder Golden Retriever – stürzen sich förmlich in die Fluten. Wohl dem, der einen tiefen Bachlauf, einen ruhigen Fluss oder gar einen See in der Nähe hat. Möglichst mit wenig Badepublikum, denn mehrere planschende und kläffende Hunde sind nicht jedermanns Sache – vor allem dann nicht, wenn sie sich gemeinsam am Wasserrand ausgiebig schütteln!

Wer selbst das Wasser liebt, kommt auf viele Ideen, seine Hunde am und im Wasser zu beschäftigen. Abgesehen vom obligatorischen Stöckchenwerfen kann man Wettschwimmen unter den Hunden oder gegen sich selbst veranstalten. Wer zuerst den geworfenen Gegenstand erreicht, oder aus dem Wasser gebracht hat – der darf noch einmal. Oder so ähnlich.

Auch Vertrauensübungen können im Wasser trainiert werden. Beispielsweise sucht man sich einen Punkt im See, wo man stehen kann, ruft einen schwimmenden Hund zu sich, legt seine Vorderläufe über die Arme und vermittelt ihm auf diese Weise, dass er sich in dieser Position ausruhen kann – während die anderen zurück ans Ufer geschickt werden.

Bei dieser Übung ist darauf zu achten, dass der Hundekörper mit seinen strampelnden Hinterläufen nicht zu nahe an die eigene Figur gerät – Hundekrallen können im Wasser für schmerzhafte Striemen und Hautverletzungen sorgen!

Vorausgesetzt, man hat ausgiebige Trockenübungen gemacht, kann man auch zwei kleinere Hunde vorne und hinten auf ein Surfbrett ablegen lassen und mit ihnen in Ufernähe über das Wasser gleiten. Luftmatratzen eignen sich dafür nicht so gut – ihr Material kann meistens den Hundekrallen nicht standhalten.

Oder aber man besorgt sich ein Gummiboot, übt mit den Hunden am Ufer das Ein- und Aussteigen, sowie das ruhige Sitzenbleiben – und schon kann man mit einem Paddel bewaffnet in See stechen...! Springt allerdings einer der Hunde beim Nahen des Ufers frühzeitig aus dem Boot, kann dies zum unfreiwilligen Kentern führen – zur erheiternden Belustigung des Strandpublikums.

Geschickte Hände haben auch schon ein Hundefloß aus kleineren Holzstämmen gebaut – in seichten Bächen ein echter Sommerspaß für Mensch und Hund.

Wie sehr sich Hunde auch für einen sportlichen Einsatz im Wasser eignen, hat man im Sommer 2003 anlässlich der ersten

Schweizer Meisterschaft für Wasserarbeitshunde am Bodensee beobachten können. Besonders Hovawarts, Landseer und Neufundländer zeichneten sich durch die – zwar gestellte – aber spontane Rettung ertrinkender Menschen aus. Den Hunden wird dazu ein spezielles Wassergeschirr angelegt, an dem sich auch Menschen festhalten können. Diese Art von Rettungsarbeit wird in Frankreich und England schon länger erfolgreich praktiziert – an den weitläufigen Küstenstreifen werden dort jährlich zahlreiche Menschen durch Hunde vor dem Tod durch Ertrinken gerettet.

Aktivitäten in kühleren Jahreszeiten

An vorderster Stelle steht im Frühjahr und im Herbst das ***Fahrrad fahren*** in Begleitung der Hunde.

Bevor man sich aber in den Sattel schwingt, sind ein paar Übungen im Vorfeld mit den Hunden notwendig – beispielsweise das gemeinsame Starten und Losfahren und das Anhalten, sowie Kurven fahren und Schlangenlinien. Die Hunde sollten daran gewöhnt werden, dass die Hörsignale nicht mehr vom Boden aus, sondern aus Sattelhöhe gegeben werden.

Hat man nur zwei Hunde und möchte man diese nicht frei laufen lassen – was insbesondere mit nordischen Hunden ein Problem ist – so empfiehlt sich die Anwendung eines Fahrradhalters, eines so genannten »Springers« auf der rechten und/oder linken Seite, benannt nach dem gleichnamigen Markennamen. Dieser am Sattel befestigte Metallarm gleicht unregelmäßige Bewegungen der Hunde neben dem Fahrrad aus, so dass man als Fahrer nicht so leicht aus dem Gleichgewicht gerät. Der Hund wird mittels einer kurzen Leine an diesem Metallarm befestigt. Größere Hunde können zusätzlich noch mit einem Kopfhalfter geführt werden. Klar, dass man auf diese Weise breite Wege benutzen und den Straßenverkehr meiden sollte.

Will man beide Hunde an einer langen Leine vor dem Fahrrad ziehen las-

sen, sollte man jeweils ein Brustgeschirr verwenden und dazu je einen Ruckdämpfer befestigen. Sind die Hunde lediglich an einer Koppel unterhalb des Lenkers angeleint, besteht die Gefahr des ungewollten Hineinfahrens – beide Hunde können leicht als Unfallverursacher auftreten. Auch ist zu beachten, dass zwei starke Hunde als Zugtiere jederzeit die Verfolgungsjagd hinter einer Katze her antreten können – die Einwirkungen seitens des Radfahrers sind da eher begrenzt...!

Daher ist es eigentlich immer besser, wenn die Hunde so gut erzogen sind, dass sie auf Stimmkommandos – abgeleint – in der Nähe des Fahrrades bleiben und sich von anderen Gegebenheiten und unterschiedlichsten Begegnungen nicht irritieren lassen.

Werden die Hunde eventuell überfordert und zeigen erste Ermüdungserscheinungen, kann man größere Exemplare beispielsweise in einen Fahrradanhänger für Kinder setzen, oder kleinere Rassenvertreter in ein spezielles Körbchen auf den Rücksitz, das durch einen Gitterschutz das Herausspringen verhindert.

Die Hunde sollten zwar frühzeitig mit dem Gegenstand des Fahrrades bekannt gemacht werden, aber die Dauer der Laufzeit sollte angepasst an die körperliche Entwicklung der Hunde sukzessive gesteigert werden. Man darf sich dabei nicht von der Laufwilligkeit und Bewegungsfreude – insbesondere der jungen Hunde – täuschen lassen! Ihr Drang nach Aktion steht oftmals im Widerspruch zu ihrer körperlichen Belastbarkeit – eventuelle Schädigungen des Organismus und des Bewegungsapparates beim Hund (z.B. HD) zeigen sich meistens erst als Spätfolgen falsch verstandenen Leistungsehrgeizes des Menschen.

Das Training am Fahrrad ist eine gute Vorbereitung des Rudels als zukünftige ***Begleitung eines Reitpferdes***. Wer seine Hunde als Reiter mit ins Gelände nehmen will, der braucht viel Geduld und kynologisches sowie hippologisches Basiswissen, um eine artgerechte Erziehung und Ausbildung für Pferde und Hunde umsetzen zu

können. Außerdem ist die kompetente Hilfe einer dritten oder vierten Person bei der Ausbildungsphase von mehr als einem Hund unersetzlich.

Ein Reitbegleithund am Pferd bedeutet für den Reiter die Übernahme von sehr viel Verantwortung – für mehrere Hunde erst recht! In unserer heutigen dicht besiedelten Umwelt ist es geradezu fahrlässig, ohne eine korrekte Grundausbildung der Hunde einfach mit einer wilden Horde durch Wald und Wiesen zu preschen. Man muss sich darüber im Klaren sein, dass es Menschen gibt, die sowohl Angst vor Pferden als auch vor größeren Hunden haben, vor allem wenn sie zu mehreren sind. Sie können sich meistens nicht vorstellen, dass die Hunde von einem Pferd aus zu lenken und zu korrigieren sind – wenn sie denn konsequent erzogen wurden!

Es würde den Rahmen dieses Buches sprengen, die einzelnen Lernschritte zur Reitbegleithunde-Ausbildung zu schildern – es existiert im Buchhandel zu diesem Thema mittlerweile empfehlenswerte Literatur.

Einzelne Aspekte, die sich auf die Haltung von mehreren Reitbegleithunden beziehen, seien an dieser Stelle aber besonders erwähnt.

Um es vorweg zu betonen – es wird keine spezielle Rasse gezüchtet, die sich als »Reitbegleithund« besonders eignet! Auch nicht, wenn diese Behauptung in vielen Anzeigen zu lesen ist – jeder (!) Hund muss als Reitbegleithund sorgsam erzogen und mit viel Zeitaufwand ausgebildet werden.

Allgemein ist bei der Auswahl eines Reitbegleithundes darauf zu achten, dass der Körperbau und Organismus des Hundes den Anforderungen gerecht werden kann. Eine wesentliche Rolle spielen die entsprechende Körpergröße, die vorhandene Lauffreudigkeit und Wendigkeit, sowie die Länge und Dichte des Fells. Eher kurzhaarige Rassen sollten bevorzugt werden, weil sie bei körperlichen Leistungen in erhöhten Temperaturen nicht so schnell schwitzen, und bei Wasserdurchquerungen oder Regenfällen auch schneller und leichter wieder trocknen.

Weitere Kriterien, die berücksichtigt werden sollten, sind:

- dass kein ausgeprägter Jagdtrieb vorhanden ist
- der Hund aggressionslos ist, auch gegenüber seinen Artgenossen
- kein besonderer Eigenwillen erkennbar ist
- die Bereitschaft zur Unterordnung gezeigt wird
- die Reaktionen nicht ängstlich, sondern eher unerschrocken sind

Bei Hunden, die in ein Rudel von Reitbegleithunden integriert werden sollen ist darüber hinaus unbedingt zu beachten, dass:

- die Hunde in einer artgerechten Gruppe sozialisiert wurden, also im Umgang mit ihresgleichen erfahren sind
- es sich um keine Rasse handelt, die eher als selbstständig arbeitender Einzelhund gezüchtet wurde, wie beispielsweise ein Hirtenhund

Die Rassenauswahl ist sorgsam anzugehen – man sollte sich sehr genau mit den jeweils typischen Eigenschaften eines guten Rassehundes beschäftigen, bevor man sich auf die Suche macht. Infrage kommen beispielsweise ein Labrador, ein Dalmatiner oder ein Collie – auch diverse Mischlinge von Kreuzungen wesensstarker Elternpaare haben sich bewährt.

Es ist äußerst hilfreich, wenn ein älterer und im Umgang mit Pferden erfahrener Hund vorhanden ist. Zum Einen konnte sich das Pferd schon an die Anwesenheit des artfremden Begleiters gewöhnen, zum Anderen hat der zweite beziehungsweise dritte Hund ein gutes Vorbild um sich herum.

Wer erfolgreich seinen ersten Hund an die Anwesenheit von Pferden gewöhnt hat, darf nicht davon ausgehen, dass dies mit weiteren Hunden ebenso problem-

los verläuft. Denn jeder Hund muss zunächst einmal nur gute Erfahrungen als Welpe und Junghund mit diesen riesigen und schnaubenden Rössern gemacht haben. Daher gilt es auch für den Züchter, möglichst in der Prägungsphase des Hundes negative Erlebnisse in Pferdeställen zu vermeiden.

Eine weitere, beliebte Freizeitgestaltung ist das ***Jogging mit dem Hunderudel*** – manchmal könnte man auch »Spießrutenlaufen« dazu sagen. Denn viele Spaziergänger, oder auch andere Jogger, reagieren auf den Anblick eines rennenden Sportlers mit mehr als einem Hund in Begleitung eher ängstlich und verschreckt. Zugegeben – mit unerzogenen Hunden sind solche Begegnungen auch für den Besitzer kein erfreulicher Anlass.

Aber diejenigen Jogger, die ihre Hunde wirklich im Griff haben, fallen durch eine gleichmäßige Laufgeschwindigkeit und gelassene, ruhige Begleiter auf. Ihre Ausstrahlung alleine signalisiert dem aufmerksamen Betrachter eigentlich schon – hier kommt ein Laufteam des Weges daher, welches sicher aufeinander eingespielt ist und sich durch keinerlei äußeren Umstände irritieren lässt.

Was so harmlos und locker aussieht, ist das Ergebnis einer detaillierten und konsequenten Erziehung, die vor allem typische Situationen des Lauftrainings im Gelände in einzelnen Ausbildungsphasen zum Inhalt hat. Ein wichtiges Lernziel sollten die vierbeinigen Mitläufer alle beherrschen: Aus dem Laufen heraus ablegen können – und auf der Stelle verharren, bis das Hör- oder Sichtzeichen zum Weiterlaufen erfolgt.

Für alle Beteiligten ist es eine überschaubare Angelegenheit, wenn die Hunde während des Laufes dicht bei ihrem Rudelchef bleiben, möglichst vor dem Jogger, sich aber zumindest in dessen Blickfeld aufhalten. Typische Situationen – wie das Aufeinander zu Laufen, das Überholen Dritter, die Begegnung mit fremden Hunden und so fort können auf einem Übungsplatz trainiert werden und gehören zur selbstverständlichen Grundausbildung, will man sein Hunderudel ohne Konflikte zum Joggen mitnehmen. Insbesondere bei der Begegnung mit Reitern ist höchste Umsicht geboten – manchmal erschrecken sich die fremden oder nervösen Pferde und setzen zur panischen Flucht an. Wer dann sein Rudel nicht unter Kontrolle hat, erlebt unter Umständen eine unfallträchtige Verfolgungsjagd...!

Von vielen Läufern wird beklagt, dass sie zwar ihre eigenen Hunde im Griff haben, aber die anderen Spaziergänger mit ihren Hunden eher Probleme hätten. Die Situation wird von diesen oftmals verkannt – die fremden Hundebesitzer lassen ihren Hund entweder zu weit von sich entfernt bewegen, und haben deshalb nur geringen Einfluss auf den Gehorsam des eigenen Hundes oder brechen mit dem angeleinten und kläffenden Vierbeiner an der Leine selbst in Panik aus... Hier gilt – Ruhe bewahren, die eigenen Hunde abliegen lassen oder im Abstand zügig vorbeilaufen. Eine vorausschauende und kalkulierende Verhaltensweise des Rudelführers ist im Gelände immer gefragt und eine individuelle Sensibilität hinsichtlich anbahnender Schwierigkeiten generell hilfreich. Mit der Zeit entwickelt sich eine gewisse Beobachtungsgabe, wie die Körpersprache der entgegenkommenden Zwei- und Vierbeiner zu interpretieren ist.

Was die Auswahl der Hundetypen angeht, so ist es ratsam darauf zu achten, dass sich die Hunde in ihrem Leistungswillen, ihrem Laufvermögen und ihrem Körperbau innerhalb der Gruppe nicht wesentlich voneinander unterscheiden – selbst wenn ein kleinerer und schmächtigerer Hundetyp für sein Leben gerne mit den Großen mitrennen möchte, langfristig ist er einfach überfordert und kann sich auf diese Weise ernsthafte körperliche Schäden zufügen.

Derjenige, der sich und sein gesamtes Rudel in eine anspruchsvolle Laufkondition gebracht hat, wird versuchen, sein Leistungsniveau auf annähernd gleichem Level zu halten – dies verlangt nicht nur sein eigener Körper, sondern auch der seiner Hunde! Der Rudelhalter ist demzufolge ständig gefordert, seine vierbeinigen Laufbegleiter in Bewegung zu halten – Hunde, die an täglich längere Laufstrecken gewöhnt worden sind, brauchen diese körperliche Anforderung regelmäßig (!), und zwar physisch und psychisch.

Allerdings ist darauf zu achten, dass während der Laufphasen den Hunden auch die Möglichkeit gegeben wird, mal ungezwungen herum zu schnuppern, zu spielen und zu toben.

Hund muss Hund sein dürfen – nicht nur sportlicher Begleiter sein müssen!

Wem das sportliche Laufen nicht liegt, der kann mit seinen Hunden auch zum ***Wandern*** gehen – entweder alleine mit seinem Rudel, in einer Gruppe oder sich mit seinem Einzelhund einer Wandergruppe anschließen. Die unterschiedlichsten Möglichkeiten bieten sich an.

Für diejenigen, die alleine ihr Rudel zum Wandern mitnehmen, gelten einige der in den vorausgehenden Absätzen geschilderten Anmerkungen.

Hinzuzufügen wäre noch, dass bei kreuzenden Begegnungen mit Dritten, egal ob mit oder ohne Hund in Begleitung, das Rudel immer auf der vom Fremden abgewandten Seite vorbeizuführen ist. Auch ist es sinnvoll darauf zu achten, dass man möglichst nicht mit seinem Rudel zwischen den fremden Hund und sein Herrchen gerät – manche dieser Hunde reagieren in einem solchen Moment geradezu panisch und laufen davon.

Ein wenig Rücksicht sollte man ebenfalls walten lassen, wenn man mit seinen mittelgroßen bis großen Hunden unterwegs auf kleinere Rassenexemplare trifft – selbst wenn die eigenen Wanderkameraden völlig gelassen auf den Winzling reagieren – oftmals geraten die Besitzer/innen in Angstzustände und reißen den Kleinen hoch. Es ist daher zu empfehlen, bei einem solchen Zusammentreffen sein Rudel abzulegen und abzuwarten, bis die Atmosphäre sich beruhigt hat und wieder jeder ungestört seines Weges gehen kann.

Während sich Radfahrer und Jogger eher ebene Wege zum Radeln und Laufen aussuchen, benutzen Rudel-Wandergruppen ganz unterschiedliches Terrain für ihre gemeinsamen Ausflüge – von anspruchsvollen Bergtouren bis hin zu beeindruckenden Gletscherwanderungen, über Wochentouren durch einsame Wälder bis hin zu Langzeitcamps in dünn besiedelten Regionen.

Einige wichtige Voraussetzungen sollten alle Hunde mitbringen, die sich über einen längeren Zeitraum in fremder Umgebung und unbekannten Unterkünften aufhalten:

- Sie sollten nicht aggressiv auf andere Hunde und Menschen reagieren
- Sie müssen sich alleine oder mit mehreren Artgenossen in einem fremden Raum aufhalten können, ohne alles zu zerstören
- Gelassenheit gegenüber naturbedingten Einflüssen, wie Gewitter, donnernde Wasserfälle, reißende Flüsse und steile Hänge, dichtes Unterholz und umstürzende Bäume (Waldarbeiten) zeigen
- Angstfrei auf dunkle und enge Tunnels, schmale Holzbrücken und glitschige Stege reagieren
- Schusssicher sein (Jagdzeiten) und Sägegeräusche (Holzfällung) ertragen können
- Keine ausgeprägte Jagdpassion zeigen

Gleichgültig, in welcher Formation man mit einem Hunderudel auf Wanderungen unterwegs ist – die Hunde sollten auf Begegnungen mit artfremden Tieren vorbereitet sein. Man macht sich sehr schnell bei Bauern, Sennern oder Viehhütern unbeliebt, wenn hinter den Kühen, Schafen, Ziegen oder Pferdeherden in unwegsamem Gelände eine kläffende Meute her hetzt. Auch reagieren Tier- und Naturschützer mit berechtigtem Unmut auf gejagte Murmeltiere oder aufgescheuchte Gämsen.

Wer eine Almwiese mit Weidevieh durchquert, sollte grundsätzlich seine Hunde dicht bei Fuß laufen lassen oder angeleint, auf der herdenabgewandten Seite, zügig das Terrain passieren – gelegentlich fühlen sich beispielsweise Mutter-Kühe mit ihren Kälbern bedroht und zeigen ernst zu nehmende Angriffszeichen!

In weitläufigen Naturschutzgebieten oder Nationalparks ist oftmals das freie Laufen von Hunden komplett untersagt.

Es ist daher ratsam, sich im Vorfeld einer ausgedehnten Wanderung konkret zu erkundigen, wie und wo mit einem Hunderudel überhaupt frei gelaufen werden darf – ohne Leinenzwang und Maulkorbpflicht. Dies gilt insbesondere für Ausflüge innerhalb Deutschlands auf dem Hintergrund der so genannten »Gefahrenhundeverordnung«.

Schließt man sich mit seinen Hunden einer organisierten Tour an, so ist in der Regel davon auszugehen, dass der Hundeführer um diese Angelegenheiten Bescheid weiß und sich entsprechend mit den regionalen Gegebenheiten auskennt.

Sowohl private Hundeschulen, Fortbildungszentren als auch Hundeclubs bieten organisierte Wanderungen an. Bevor man sich zu einer Teilnahme entschließt, sollte allerdings sichergestellt sein, dass die eigene körperliche Kondition, genauso wie die der vierpfotigen Wanderkameraden, den jeweiligen Touren-Anforderungen entspricht.

Viele Rassenverbände bieten zunehmend ihren Mitgliedern ebenfalls gemeinsame Ausflüge und Wandertage an – sommers wie winters. Der Schweizerische Hovawartclub hatte kürzlich zu einer Ausbildungswoche im Engadin insgesamt 110 (in Worten: einhundertundzehn) Hovawarts aus dem In- und Ausland zusammen (!) in die Ferien eingeladen. Und alle waren im gleichen Vier-Sterne-Hotel untergebracht, nutzten den Lift und die Korridore gemeinsam mit anderen Hotelgästen sowie die Empfangshalle und den parkähnlichen Garten – ohne einen einzigen unangenehmen Zwischenfall. Das Motto »Erziehung zur Belastbarkeit« wurde in Gruppen – überwiegend abgeleint – einerseits anhand von Übungen sozialer Kontakte im Rudel und in der Begegnung mit rassefremden Hunden trainiert, andererseits in der Konfrontation mit joggenden oder skatenden Touristen. Durch die gemeinsame Benutzung von Bahnen und Berg-Gondeln wurde auf den Wanderstrecken zusätzlich für die Entwicklung der Umweltsicherheit auch im großen Rudel gesorgt.

Ein gutes Beispiel dafür, wie sich – unabhängig von den bisher klassischen Ausbildungsformen auf den typischen Hundeplätzen und als Alternative zum herkömmlichen Hundesport – die Erkenntnisse einer modernen und auf die artgerechten Bedürfnisse von Hunden eingehenden Ausbildungsweise entwickelt haben.

Die Teilnahme mit mehreren eigenen Hunden oder mit einem Einzelhund an gemeinsamen Wanderwochen, egal in welcher Region, setzt nicht nur die Sozialverträglichkeit der eigenen Hunde voraus, sondern auch die der beteiligten Hundeführer! Jeder Teilnehmer sollte darauf vorbereitet sein, dass es in der aufeinander treffenden Hundegruppe zu Rangordnungskämpfen kommen wird, die eine gewisse Eigendynamik entwickeln und auf die man als einzelner Hundehalter nur bedingt Einfluss nehmen kann – und auch nicht sollte. Natürlich abgesehen von krassen Einzelfällen, in denen echte Raufereien ausarten, was aber erfahrungsgemäß äußerst selten vorkommt.

Als Alternative zu anstrengenden Wanderungen sind natürlich lange und ausgedehnte ***Spaziergänge*** mit einem Rudel tägliche Notwendigkeit – und zwar bei jeder Witterung! Selbst ein riesengroßer Garten ersetzt keine Spaziergänge im Freien.

Wer mit seinem Einzelhund auf Spaziergängen die Gesellschaft von anderen Zwei- und Vierbeinern haben möchte und seinem Hund Kontakt zu Artgenossen ermöglichen will, der kann mancherorts an sachkundig geführten, wöchentlichen Gruppenspaziergängen teilnehmen.

Manchmal bieten Hundeschulen, Verhaltensforscher oder Zoologen diese Art von Begegnungen an, um einerseits Hilfestellungen zu geben, wie man unterwegs seinen Hund auf Treffen mit Artgenossen vorbereitet, bzw. sich selbst verhalten sollte – andererseits wird hierdurch auch einem schwierigen Hund die Möglichkeit zu regelmäßigem Sozialkontakt mit seinesgleichen ermöglicht.

Eine häufige Variante für Einzelhundehalter sind die täglichen Spaziergänge mit anderen Betroffenen. Zu festen Uhrzeiten trifft man sich an den gleichen Orten und läuft – manchmal sogar mehrmals am Tage meistens vorgegebene Wegstrecken. Die Regionen – ob dies Parkanlagen, Seeufer, Waldgebiete oder Feldwege sind – gelten als bekannte Hündeler-Treffpunkte, an denen oftmals auch in sich gefestigte Rudelformationen auf andere pfotige Kameraden treffen. In den meisten Großstädten ist man dazu übergegangen, extra ausgewiesene Flächen zu schaffen, auf denen sich Hunde miteinander beschäftigen können, ohne dass sich andere Erholungssuchende gestört fühlen. Bis hin zu größeren eingezäunten Terrains mit verschiedenen Hindernissen, wie beispielsweise in Düsseldorf am Rheinufer oder ausgewiesenen Parkzonen im englischen Garten in München – genannt »Hundebegegnungsstätten«!

Auch wer mehrere eigene Hunde besitzt, kann sich einer solchen Spaziergruppe anschließen – unter der Voraussetzung, dass die eigenen Hunde in der Begegnung und dem Kontakt zu anderen Exemplaren ihrer Art geschult sind und dementsprechend erzogen wurden. Einzelne Hunde können durchaus sehr verschreckt reagieren, wenn plötzlich mehrere Hunde interessiert auf den neuen Spielkameraden zulaufen.

Diejenigen, die ausschließlich nur mit ihrem eigenen Rudel spazieren gehen, sind besonders gefordert. Zwar scheint ein großer Zwinger mit riesigem Auslauf von mehreren tausend Quadratmetern auf den ersten Blick die Möglichkeit für genügend Bewegungsfreiheit zu bieten - aber ein Ersatz für abwechslungsreiche Spaziergänge mit dem Rudelchef kann er niemals sein.

Gerade lauffreudige Hunderassen, die womöglich noch als Gebrauchs- und Arbeitshunde züchterisch geprägt wurden, wie die derzeitigen Modehunde Australian Shepherds oder Border Collies, benötigen tägliche Herausforderungen – und zwar nicht nur körperliche. Ihr geistiges Potenzial liegt einfach brach, wenn lediglich dreimal am Tage dieselbe Runde über dieselben Wege und die immer gleichen Strecken führt. In solchen Fällen werden die Sinneswahrnehmungen der Hunde eher abgestumpft! Wer wirklich nicht in der Lage sein sollte, unterschiedliche Gegenden mit seinem Rudel erkunden zu können, der sollte zumindest unterwegs die Nutzung der natürlichen Gegebenheiten einer Landschaft in seine Spaziergänge mit einbeziehen – damit ist die Einbindung von Spielübungen über Baumstämme, Gräben, Bänke und so weiter, gemeint. Auch diverse Suchspiele oder das Apportieren von Gegenständen sind beliebte Varianten, Bewegungsdrang auszuleben und ureigensten Trieben nachkommen zu können.

Mit einem Rudel auf normalen Spazierwegen unterwegs zu sein, auf denen auch andere Hundehalter »Gassi gehen« bedeutet: Generelle Aufmerksamkeit walten lassen. Selbst bestens erzogene Hunde können in eine Meuteaggression verfallen und den einzelnen, fremden Hund in höchste Bedrängnis bringen!

Jeder Spaziergang sorgt für Hinterlassenschaften der Hunde – nicht immer am richtigen Ort und zur Freude der Mitmenschen. Das Beispiel in der Schweiz, wo jeder Hundebesitzer mit Plastiktütchen die Kothaufen seiner Lieblinge direkt einsammelt (auch in Parkanlagen und auf Viehweiden!) und in spezielle Behälter am Wegesrand entsorgt oder gar mit sich in den häuslichen Abfalleimer nimmt, ist absolut vorbildlich und sollte in anderen Ländern genauso selbstverständlich werden!

Wer im Winter früh morgens oder abends mit seinen Hunden hinaus muss, der sollte beachten, dass die Reaktionen der Hunde zu diesen Uhrzeiten anders ausfallen können, als dies tagsüber der Fall ist – beispielsweise ist der Jagdtrieb deutlich ausgeprägter vorhanden. Erschwerend kommt hinzu, dass aufgrund der Dämmerung die Verhaltensweisen und die Körpersprache der Hunde einfach schwieriger zu erkennen sind und die unmittelbare Reaktion des Halters auf bestimmte Vorhaben oft nur zu spät erfolgen kann.

Daher ist man immer auf der sicheren Seite, wenn man zumindest stellenweise, wo das Gelände nicht gut überblickt werden kann, sein Rudel an die Leinen nimmt. Hierfür eignen sich die Koppelleinen für zwei oder vier Hunde, die es im Fachhandel zu erstehen gibt, sehr gut. Oder man nimmt besonders muntere Genossen an die lange Leine, um eventuellen unerlaubten Ausflügen vorzubeugen – Katzen oder Füchse, Marder oder Waschbären, Rehe oder Wildschweine, auch in stadtnahen Gebieten können Hunde leicht zu nächtlichen »Raubzügen« verführt werden.

Damit man überhaupt sehen kann, ob alle Hunde in der Nähe sind, nichts Falsches fressen oder sich mit der langen Leine nirgendwo verschlungen haben, sollte man für ausreichende Beleuchtung sorgen. Zumindest in einem Radius von etwa fünf Metern um sich herum, in dem sich auch die Hunde wegen direkter Abrufbarkeit befinden sollten, kann man eine gewisse Helligkeit schaffen.

Am besten eignen sich dazu Stirnlampen mit Batterien oder Akku aus dem Bergsportbereich, wie sie in jedem guten Sportgeschäft zu beziehen sind, denn damit kann man die Hände für die Leinen frei halten – eine bessere Alternative zur Taschenlampe in

jedem Falle. Der Lichtkegel einer Stirnlampe lässt sich differenzierend regulieren, und man wird auch von weitem von anderen frühzeitig wahrgenommen. Im Übrigen verhindert die Verwendung einer solchen Lichtquelle das eigene Stolpern über Bodenunebenheiten oder das Ausrutschen auf Glatteisflächen – mit vier Hunden an der Leine eine besondere Art der Fortbewegung.

Will man sich und seine Hunde während der dunklen Jahreszeit für Dritte deutlich sichtbar machen, so kann man mittlerweile auf die unterschiedlichsten leuchtenden Materialien zurückgreifen. Ob reflektierende Anhänger, Gurte, Aufkleber für Jacken und Leinen oder so genannte Sohlenblitze für den Hundeführer, oder aber Hundeutensilien mit Reflektorstreifen, Signalbändern und Blinkvorrichtungen sorgen für zusätzliche Sicherheit.

Richtig spielen

Die Spaziergänge mit mehreren Hunden können zusätzlich interessant gestaltet werden, wenn verschiedene ***Spiele mit dem Rudel*** in die gewohnten Abläufe eingebaut werden. Allerdings sollten in unterschiedliche Spielvarianten nur diejenigen Hunde einbezogen werden, die sich sehr gut kennen und deren Rudelstruktur gefestigt ist. Das Spielen hat für die gesunde Entwicklung und das Wohlbefinden eines jeden Hundes – egal in welchem Alter – eine hohe Bedeutung. Und zwar nicht nur untereinander sondern insbesondere dann, wenn die direkte Bezugsperson in das Spielgeschehen mit eingebunden ist. Die gegenseitige Beziehung wird unmittelbar gefördert und führt zu einer starken Bindung zwischen Mensch und Hund.

Der Beginn allen Lernens ist das Spiel – durch die ersten spielerischen Interaktionen untereinander, werden schon Welpen zu bestimmten Verhaltensweisen motiviert. In späteren Entwicklungsstufen wird der Junghund – zunächst nur durch die spielerische Motivation – zum Erlernen von ernsthaften Aufgaben hingeführt.

Die Basis jeden artgerechten Spieles ist das Vertrauen zum Menschen. Gepaart mit einer differenzierten Verständigung durch die Körpersprache und Lautsignale, sowie einer klaren Bestimmung der Rangordnung, ist jedes Spiel mit Hunden ein lehrreicher Spaß – für beide Seiten!

Allerdings neigen Hundehalter in spielerischen Wettkampfsituationen dazu, im Eifer des Gefechtes ihre eigenen Hunde ungerecht zu behandeln oder sie zu überfordern. Daher ist es immer sinnvoll, Spielvarianten auszusuchen, die nicht unter Zeitdruck durchgeführt werden und exakte und klare Vorgaben haben.

Bei jeder Art des Spielens werden verschiedene Triebe der Hunde einbezogen und damit gefördert – der Beutetrieb, der Apportiertrieb, der Meutetrieb, der Jagdtrieb und so weiter.

Wer also bewusst sein Hunderudel nach und nach zusammenstellt – vor allem unter dem Aspekt, den Bedürfnissen von allen Rudelmitgliedern irgendwie gerecht zu werden – der sollte auch diesen Gesichtspunkt berücksichtigen: Welche Spielmotivation bringt der Hund von sich aus mit?

Daher ist bei Auswahl der einzelnen Hunde auch darauf zu achten, welche Veranlagungen der in Frage kommende Hund hat und für welche Arbeitsaufgaben die jeweilige Rasse gezüchtet wurde. Für die Zusammensetzung einer Hunde-Spielgruppe ist es nicht unwesentlich, welche Spielweisen ein Hund aufgrund seiner Rassenzugehörigkeit bevorzugt.

Ein Bergamasker oder ein Alaskan Malamute, ein afghanischer Windhund oder ein Chow Chow werden sich beispielsweise für Such- und Bringspiele herzlich wenig interessieren, während ein Border Collie oder ein Malinois regelrecht versessen darauf sind. Auch bei Kraft- und Ausdauerspielen unterscheiden sich die Vorlieben sehr: Ein Airedale Terrier ist genauso wie ein Dalmatiner dieser Art von Spiel wesentlich eher zugeneigt als eine Deutsche Bracke oder ein Beagle.

Nicht alleine die Körpergröße oder die Lauffreudigkeit sind entscheidend für die Auswahl der Spielart – man sollte sich von äußeren Gegebenheiten nicht täuschen

lassen, sondern gezielt den Zuchthintergrund des jeweiligen Hundes erkunden. Nur dann braucht man sich nicht zu wundern, warum vielleicht einzelne Hunde im Rudel zwar liebend gerne apportieren, andere dabei gelangweilt in der Gegend herum laufen und keine Reaktionen zeigen, den Ball nun endlich zu suchen und zurückzubringen.

Bei der Auswahl der Spielzeuge ist es ratsam, auf die Vermeidung von Gefahrenquellen zu achten. Manche Bälle sind aus schädlichen Materialien (Tennisbälle), andere zu klein – sie können leicht verschluckt werden. Das Werfen von Steinen sollte unterbleiben, es ist für die Zähne schädlich und die Hunde dürfen sie nicht hinunterschlucken. Auch Frisbee-Scheiben, wenn sie zu hart sind, können die Zähne und vor allem das Zahnfleisch aufreißen. Es gibt aber inzwischen spezielle Frisbee-Scheiben für Hunde aus weicherem Material, bei denen keine Verletzungsgefahr besteht. Stöckchen sind nicht nur bedenklich, weil sie sich im Maul verkanten oder im Rachen stecken bleiben können, sondern weil mehrere

Hunde erfahrungsgemäß um ein solches kämpfen, gemeinsam daran zerren und sich in der Maulpartie erheblich verletzen können. Auch quietschendes Spielzeug ist nicht zu empfehlen, weil die Hunde dadurch nicht animiert werden, loszulassen, wenn ein solcher Ton zu hören ist - im Gegenteil.

Spiele mit der Leine sollten tabu sein – der verlängerte Arm des Hundehalters darf nicht für Zerrspiele missbraucht werden. Auch in Verfolgungs- und Wettspiele dürfen keine Bezugspersonen eingebaut werden, genauso wie das Anspringen untersagt werden muss. Gerade bei jüngeren Hunden kann ein Verfolgungsspiel in Hatz umschlagen oder Kinder, alte Leute und schwache Personen können vom kräftigen Hundekörper umgeworfen werden...!

Aber nicht nur bei der Wahl des Spielmaterials sollte man aufmerksam sein, sondern auch umsichtig mit Spielsituationen im gemeinsamen Spiel umgehen. Nur Hunde, die sich wirklich gut kennen, sollten die ganze Palette der Spielmöglichkeiten für sich in Anspruch nehmen können – im eigenen Hunderudel meistens kein Problem, und wenn doch, dann kennt man zumindest die Reaktionen seiner einzelnen Hunde genau.

Begegnet dem spielenden Rudel unterwegs aber ein fremder Hund, kann es blitzartig ein nicht zu unterschätzendes Gerangel um das Spielzeug geben! Gerade Junghunde oder sehr selbstbewusste Typen drängen sich dabei rücksichtslos in den Vordergrund.

Um Konfrontationen aus dem Wege zu gehen, ist es daher angebracht, das Spiel sofort zu unterbrechen und abzuwarten, bis man wieder unter sich ist. Umgekehrt können die eigenen Hunde – trotz Vorhandensein eines eigenen Spielzeugs – sich sehr intensiv für das Utensil eines fremden Hundes interessieren. Auch dann sollte man sofort einschreiten, denn eine Auseinandersetzung um das Streitobjekt kann unter Umständen zu einer unerwünschten Meuteaggression führen.

Die Spielmöglichkeiten der Bezugsperson zusammen mit dem Hunderudel sind weitestgehend eingeschränkt, weil die meisten Spielformen einen Konkurrenzcharakter haben, der unter den Hunden zu mehr oder weniger heftigen Rangeleien führen kann. Daher ist es nur in wenigen Fällen möglich, als Spielinitiator unter den Hunden aufzutreten – aber das ist auch eigentlich überhaupt nicht notwendig! Die Hunde untereinander genügen sich selbst. Wer dennoch gerne spielerisch aktiv wird, der sollte sich vielleicht mit dem Erlernen von einzelnen kleinen Kunststück beschäftigen. Wie zum Beispiel einen Slalom der Reihe nach um die Beine, oder ein Hindurchlaufen durch die Grätsche und ähnliche Aktionen – dies sind Bewegungsabläufe, die von den Hunden nicht mit dem Beute- oder Jagdtrieb in Verbindung gebracht werden, und daher in der Regel aggressionslos untereinander verlaufen können.

Der Spielanfang und das Spielende sollten immer vom Rudelchef vorgegeben werden. Die Hunde dürfen das Spielen nicht einfach von sich aus abbrechen. Eine Regel, die erforderliche Rangstrukturen unterstreicht. Die Zeitspanne und der Zeitpunkt müssen deshalb von der Bezugsperson in einer Weise vorgegeben werden, dass es einerseits den Hunden nicht langweilig wird, aber andererseits auch keine Überforderung stattfindet. Insbesondere gilt dies für ein Rudel, in welches ein Junghund integriert wird oder in dem ein älterer Hund noch mithalten will.

Dressurlektionen
Eine weitere Möglichkeit, sein Hunderudel abwechslungsreich zu beschäftigen, ist das gemeinschaftliche ***Einüben und Durchführen von Dressurlektionen***.

Allerdings sind dazu Hilfspersonen nötig, alleine sind mit mehreren Hunden kaum Erfolge umsetzbar. Wichtig ist, dass mit jedem Hund einzelne Übungsschritte selbstständig durchgeführt werden, bevor man sie gruppenweise abrufen kann. Die jeweiligen Lernschritte für die Dressurlektionen sollten kurz und überschaubar sein. Wird eine gewisse Lustlosigkeit, Desinteresse oder Verweigerung gezeigt, sollte man immer in der Lernfolge einen Schritt zurückgehen und Bewährtes, das dem Hund Freude bereitet, verlangen. Generell mit viel Lob und Leckerlis arbeiten und gerecht verteilen!

Angefangen vom Tragen oder Bringen verschiedener Gegenstände bis hin zu Sprüngen durch die Arme oder das Hindurch-

kriechen zwischen den Beinen ist viel Kreatives möglich, auch im Haus. Zusätzlich können dann im Garten Bälle, Wippen oder Stege in die Dressurlektionen eingebaut werden.

Wer ohne Geräte auskommen möchte, kann seine Hunde dazu bringen, untereinander durch zu laufen, übereinander drüber zu springen oder als Pyramide aufeinander sitzen zu lassen. Auch andere Tiere können ins Geschehen mit einbezogen werden, wie beispielsweise Schafe, Pferde oder Esel. Man sollte dabei aber sicher sein, dass diese Tiere den Umgang mit Hunden gewöhnt sind und deren Aktivitäten und Berührungen problemlos akzeptieren. Viele der kleinen Kunststücke können auch gemeinsam mit Kindern in einfache Dressurlektionen abgewandelt werden.

Viele Hunde haben zu Kindern eine ganz besondere Beziehung und umgekehrt. Wenngleich auch viele gemeinsame ***Spielweisen für Kinder*** aus Sicherheitsgründen tabu sein sollten, so akzeptieren viele Hunde im Umgang mit Kindern sehr viel leichter verschiedene Kunststückchen, wie zum Beispiel »Pfote geben« oder Such- und Bringspiele alle Art.

Dies macht allen nicht nur Spaß, sondern dient darüber hinaus auch dem ständigen Ausbau einer ranghöheren Stellung der Kinder im Familienrudel. Allerdings sollte den Hunden – insbesondere wenn ein Welpe als Neuling dabei ist – immer genügend Möglichkeiten zum ungestörten Rückzug und zur Entspannung gegeben werden. Hunde, die ständig einer lebhaften Familie ausgesetzt sind, können unerwartete Verhaltenseigenschaften entwickeln – wenn sie sich permanent bedrängt fühlen, wehren sie sich irgendwann auf ihre Weise!

Auf jeden Fall sollte von Kraft- und Kampfspielen unter Kindern und mit mehreren Hunden abgesehen werden. Nur unter Kontrolle und regelnder Einfluss-nahme der Bezugsperson dürfen gemeinsame Spielweisen, wie beispielsweise Zerr-Spiele (Tauziehen um einen Gegenstand) oder Lauf-Spiele (Wettkampf um ein Spielzeug) stattfinden. Auch ein harmloses Versteckspiel kann mehrere Hunde leicht in Konkurrenzkampf um die Gunst der Kinder versetzen. Die Hunde können – unbeabsichtigt und durch ihr eigenes Gewicht – die Kinder leicht verletzen oder ins Stolpern bringen...! Im Eifer des Gefechtes kann auch der liebste Hund ein Kind als seinen Rivalen betrachten. Eine Rangelei unter mehreren Hunden sollte im Beisein von Kindern stets sofort unterbunden werden.

Kinder sollten niemals im Zusammensein und beim Spiel mit mehreren Hunden unbeaufsichtigt sein!

Insgesamt gesehen ist eine abwechslungsreiche Freizeitgestaltung während des ganzen Jahres mit einem Hunderudel möglich. Auch ohne organisiertes Angebot kann man sich mit mehreren Hunden in unterschiedlichster Weise beschäftigen. Der Vorteil einer Gruppenhaltung liegt dabei klar auf der Hand – man ist nicht auf fremde Hundegesellschaft angewiesen und kann frei entscheiden, in welcher Weise und zu welcher Zeit man sich und sein Hunderudel in irgendeiner Form unterhalten will. Gemeinsames Spiel und Sport mit dem Rudel macht immer Laune – die Begeisterung der Hunde sorgt schon dafür und wirkt ansteckend! Und gemeinsame Pausen sind doch auch was Schönes!

Kapitel VIII
ABSCHIED UND NEUBEGINN

Der Verlust eines Hundes ist immer eine sehr traurige Angelegenheit. Aber das Sterben gehört nun mal zum Leben dazu. Leider ist die Lebenserwartung eines Hundes längst nicht so hoch wie unsere eigene – und diese gemeinsame Zeit geht viel zu schnell herum.

Vor allem, wenn es sich um einen guten Leithund handelt, der nicht nur seinem Menschen besonders zugetan war, sondern auch sein Rudel allzeit aufmerksam umsorgt hat.

Ist dieser Hund allmählich älter geworden und innerhalb der Rudelordnung bis zuletzt als ranghöchster Althund anerkannt worden, dann fällt der Abschied besonders schwer.

Seine Position in der Rangstruktur wird vermutlich zunächst vakant bleiben – erst nach einer gewissen Übergangsphase, die je nach Rudel zeitlich sehr variieren kann, wird sich eine neue Ordnung etablieren. Eine Neuorientierung im Rudel ist zwangsläufig die Folge. In dieser Zeit ist die führende Präsenz der Bezugsperson besonders gefragt.

Wird das Ableben des ranghöchsten Hundes allerdings von dem schleichenden Verlust einiger wichtiger Körperfunktionen – wie etwa Sehen und Hören – begleitet, dann kann schon zu Lebzeiten des Leithundes ein ernst zu nehmender Konkurrenzkampf um die Führung ausbrechen. In der freien Wildbahn würde ein solch kranker Althund sich entweder vom Rudel freiwillig entfernen, oder er würde von den kräftigsten Rudelmitgliedern verjagt – zur Not auch mit Tötungsabsicht.

In einer solchen Situation ist Umsicht gefragt und unter Umständen schnelles Handeln – es kann notwendig werden, den kranken, alten Hund aus dem Rudel heraus zunehmen und zu separieren, um Schlimmeres zu verhüten.

Wann der Zeitpunkt gekommen ist, einen Hund von seinen Leiden zu erlösen, das muss jeder Mensch selbst entscheiden können. Dass ein Hund nach einem erfüllten Leben ruhig einschläft, ist leider nur sehr selten der Fall.

Um dem kranken Hund und sich selbst diesen letzten Weg zu ersparen, sollte man seinen Tierarzt ins Haus kommen lassen. In seiner gewohnten Umgebung bekommt der Patient dann eine Spritze – und schläft in den vertrauten Armen seines Menschen ein.

Die anderen Hunde bekommen auf diese Weise das Ableben des Gefährten mit und registrieren, dass einer von ihnen gegangen ist – aufwändiges Suchen unterbleibt.

Viele Menschen leiden sehr unter dem Ableben eines ihrer Hunde – das ist normal und verständlich. Aber deswegen auf weitere Hunde verzichten zu wollen – vor allem, wenn ein Rudelhund nun alleine zurück bleibt – das wäre wirklich fatal. Auf wie viel Lebensqualität für Mensch und Hund würde man da verzichten. Es wäre für alle Betroffenen freudlos und sehr viel langweiliger.

Ein neuer, vielleicht auch junger Hund belebt die Gruppe und man selbst wird abgelenkt – Zeit heilt alle Wunden.

Entscheidet man sich also für einen neuen Hund, dann fängt man am Besten wieder damit an, dieses Buch von vorne zu lesen!

»Remo«, † 2004
Rettungs- und Lawinenhund

SCHLUSSWORT

Mein erster großer Freund war ein Deutscher Schäferhund – er hieß »Arno«. Als kleines Mädchen betreute er mich oft den ganzen Tag lang – und ich spielte so gerne mit ihm! Er begleitete mich auf allen Wegen, oder legte sich neben mich auf die Spielwiese im alten Obstbaumgarten – heute eine Szenerie, die fast nicht mehr vorstellbar ist.

Als ich größer wurde und etwa zwölf Jahre alt war, gab es nach der Schule nichts Schöneres, als in der Nachbarschaft zu klingeln und die verschiedensten Hunde zum Spazieren gehen abzuholen. Es waren Rauhaardackel, Pekingesen oder Münsterländer – die Rasse war mir völlig egal. Hauptsache ein Hund.

Schon damals liebte ich es, mit den Hunden durch die Wiesen und Wälder meiner Heimat zu toben – alleine! Später hatte ich keine Zeit mehr, mich um andere Hunde zu kümmern, aber um mich herum lebten immer die unterschiedlichsten Vierbeiner auf Pfoten. Sei es auf den Höfen, wo ich wohnte, oder in den Ställen, wo meine Pferde lebten. Die Freunde und Bekannten hatten meistens auch einige Hunde, ich war dort eine stets willkommene Spielgefährtin.

Manchmal nahm ich einen Hund als Feriengast auf – der hatte dann drei Wochen das Paradies auf Erden. Und immer trug ich den Gedanken in mir, wenn du mal irgendwann mehr Zeit hast und das Umfeld stimmt, dann kommt endlich ein eigener Hund ins Haus. Und nicht nur ein einzelner Begleiter, sondern nach und nach ein ganzes Rudel. Dieses Rudel lebt nun glücklicherweise mit mir zusammen – aber leider unter ganz anderen Bedingungen, als sie dazumal in meiner Kindheit waren...!

Während früher Hunde eben Hunde sein durften, hat die überwiegend hundefeindliche Allgemeinheit heute genaue Vorstellungen davon, wie man mit seinen Hunden in der Öffentlichkeit aufzutreten hat.

Sie dürfen weder freudig bellen noch munter durch die Gegend laufen. Sie sollen Fremde weder interessiert anschnuppern geschweige denn an ihnen begeistert hoch springen. Sie dürfen auf den Wiesen nicht buddeln und schon gar nicht ihre Notdurft dort verrichten. Sie dürfen sich weder fröhlich begrüßen, noch miteinander durch den Park toben – jegliche »Lärmbelästigung« ist verpönt und die harmlose Kontaktaufnahme eines Hundes wird gleich als ein »Angriff« gedeutet. Mutig derjenige, der immer noch voll Lebenslust mit seinem Rudel unterwegs ist. Und das gemeinsame Zusammensein nach wie vor genießen kann! So, wie ich und meine Hunde.

Über die Autorin

Inge Röger–Lakenbrink lebt mit ihren drei Hunden und zwei Pferden im Südschwarzwald.

Als Autorin und Fotojournalistin beschäftigt sie sich seit einigen Jahren mit der Rudel- und Herdenhaltung.

Ihre eigenen Erfahrungen werden ergänzt durch die Erkenntnisse aus zahlreichen Gesprächen mit Rudelhaltern unterschiedlichster Hunderassen und deren Mischlinge. Die vielen Begegnungen und Kontakte zu Besitzern mehrerer Hunde jeden Alters und aller Größenordnungen waren die Grundlage für diesen vielseitigen Ratgeber.

Ein »Danke!«

an alle, die an der Entstehung dieses Buches mitgewirkt haben!

Mein besonderer Dank gilt:

Kurt Berthold für die intensive Einführung in die Welt der Schlittenhunde; ***Elke und Walter Dreier*** für alle gemeinsamen Erlebnisse in den Bergen - mit und ohne das Hundequartett; ***Liselotte und Paul Hofer*** für die freundschaftliche Unterstützung in kreativen Krisen; ***Dr.med.vet. Beate Klein*** für alle morgendlichen Rudeltreffen mit fachspezifischem Austausch; ***Thomas Kernen*** für die beeindruckenden Begegnungen mit den Grönlandhunden der Schweizer Polarhundekolonie am Eigergletscher; ***Hermann Lakenbrink*** für seine geduldige Unterstützung und die Förderung meiner umfangreichen Projekte; ***Ute Meier*** für die engagierte Aufzucht meines zweiten Mischlings-Welpen »Bella«; ***Monika Wieland*** für die Aufnahme und intensive Betreuung meines dritten Mischlings-Welpen »Lisa«; ***sowie meiner Leit-Hündin »Donna« (fünfjährig) und meinen Pferden, den beiden Freiberger-Stuten »Carina« (15 J.) und »Flawia« (9 J.).***

Weitere Bücher der Autorin:

- »Reiter, Pferd und Hund«, Müller Rüschlikon Verlag, 2002
- »Alpines Trekking mit Pferden und Maultieren«, Cadmos Verlag, 1999
- »Freiberger« – Rasseportrait, Müller Rüschlikon Verlag, 1997

Literaturhinweise:

Bloch, Günther und Karin
Timberwolf Yukon & Co.
Kynos Verlag, 2002

Bloch, Günther
Der Familienhund im modernen Hausstand
Westkreuz – Verlag, 2001

Coren, Stanley
Die Geheimnisse der Hundesprache
KosmosVerlag, 2002

Dörken, Günther / Stegmann, Hubert
Handbuch Jagdreiten
FN Verlag, 1999

Epp, Alexander
Freundschaft statt Dominanz
Kynos Verlag, 2003

Feddersen-Petersen, Dorit
Hunde und ihre Menschen
Kosmos Verlag, 2.Aufl. 2001

Fetzer, Carin
Mein Schlittenhund
Oertel + Spörer Verlag, 3.Aufl.1996

Finger, Karl Hermann
Hirten– und Hütehunde
Ulmer Verlag, 2.Aufl. 1996

Heidenberger, Eva
Ratgeber Hundepsychologie
Augustus Verlag, 2000

Krämer, Eva-Maria
Mischlinge
Kosmos Verlag, 1999

Morris, Desmond
Die Körpersprache des Hundes
Heyne Verlag

Niepel, Gabriele
Welpenspielstunde
Müller Rüschlikon Verlag, 2001

Rau, Gisela
Der Reitbegleithund
Kynos Verlag, 2002

Rugaas, Turid
Calming Signals – Die Beschwichtigungssignale der Hunde
Animal Learn Verlag, 2.Aufl. 2001

Schöning, Barbara
Hundeverhalten
Kosmos Verlag, 2001

Toll, Claudia
Tierheimhund und Streuner
Kosmos Verlag, 2002

Trumler, Eberhard
Das Jahr des Hundes
Kynos Verlag

Trumler, Eberhard
Mensch und Hund
Kynos Verlag, 3. Aufl.1998

Wegmann, Angela
Freizeit - Spaß mit Hunden
blv Verlag, 2001

Weidt, Heinz / Berlowitz, Diana
Das Wesen des Hundes
Augustus Verlag, 3.Aufl. 2001

Zimen, Erik
Der Hund
C. Bertelsmann Verlag, 1992

Alexander Epp
Freundschaft statt Dominanz - Den Hund ohne Fesseln binden

Sie müssen nicht ständig den Boss herauskehren, damit Ihr Hund Sie akzeptiert. Viel fester werden die Bande, wenn sie mit Vertrauen, Freundschaft und einer Portion geschickter Diplomatie geknüpft sind. Die erstaunlichen Erfahrungen des Autors und seine intelligenten, zum Nachdenken anregenden und manchmal auch unkonventionellen oder spritzig-humorvollen Betrachtungen über das Zusammenraufen zweier so unterschiedlicher Lebewesen sind für jeden Hundehalter höchst lesenswert.

270 Seiten, durchgehend farbig
ISBN 3-933228-57-3
EUR 29,80 (D) / EUR 30,70 (A) / CHF 52,10

Günther & Karin Bloch
Timberwolf Yukon & Co. - Elf Jahre Verhaltensbeobachtungen an Wölfen in freier Wildbahn

Die bekannten Wolfs- und Hundeexperten Günther und Karin Bloch legen mit dieser einmaligen Dokumentation die Krone ihrer Arbeit vor: Elf Jahre lang haben sie in kanadischen Nationalparks wildlebende Wölfe in ihrer natürlichen Umgebung beobachtet, ihr Verhalten dokumentiert und in Fotos festgehalten. Die Ergebnisse ihrer Arbeit bringen überraschende Erkenntnisse und revidieren Wesentliches von dem, was wir bislang über Wölfe zu wissen glaubten. Nicht zuletzt eröffnen sie uns auch neue Perspektiven auf unseren Haushund - den Wolf im Hundepelz.

261 Seiten, über 120 Farbfotos
ISBN 3-933228-51-4
EUR 29,80 (D) / EUR 30,70 (A) / CHF 52,10